Estoicismo

Desbloquear los Secretos de la Vida Estoica, Adaptación Emocional, Mentalidad Inalterable y el Descubrimiento de Principios y Técnicas de Meditación

© Copyright 2020

Todos los Derechos Reservados. Está prohibida la reproducción total o parcial de este libro sin la autorización por escrito del autor. Los críticos pueden citar pasajes breves en sus revisiones.

Aviso Legal: Está prohibida la reproducción total o parcial de este libro en cualquier forma y cualquier medio, mecánico o electrónico, incluyendo fotocopiado o grabaciones, o mediante cualquier otro dispositivo de almacenamiento y recuperación de información, o por correo electrónico sin la autorización por escrito del editor.

Si bien se han realizado todos los intentos para verificar la información proporcionada en esta publicación, el autor y el editor se deslindan de toda responsabilidad por errores, omisiones o interpretaciones contrarias del tema.

Este libro es sólo para fines de entretenimiento. Las opiniones expresadas pertenecen al autor y no deben tomarse como instrucciones u órdenes de expertos. El lector es responsable de sus propias acciones.

El cumplimiento de todas las leyes y regulaciones aplicables, incluidas las leyes internacionales, federales, estatales y locales que rigen las licencias profesionales, las prácticas comerciales, la publicidad y todos los demás aspectos de hacer negocios en los Estados Unidos, Canadá, el Reino Unido o cualquier otra jurisdicción, es responsabilidad exclusiva del comprador o lector.

El autor y el editor se deslindan de toda responsabilidad u obligación alguna en nombre del comprador o lector de este material. Cualquier percepción individual u organización es puramente involuntaria.

Tabla de Contenido

INTRODUCCIÓN 1
CAPÍTULO 1: TODO LO QUE NECESITA PARA SER FELIZ ESTÁ EN SU INTERIOR 8
CAPÍTULO 2: EL PODER EL ESTOICISMO PARA UNA VIDA MÁS PLENA 23
CAPÍTULO 3: APRENDA A SUPERAR LAS DUDAS, LA AUTOCRÍTICA Y LOS SENTIMIENTOS DE INSUFICIENCIA.................................38
CAPÍTULO 4: CINCO ESTRATEGIAS PRÁCTICAS DE ENTRENAMIENTO MENTAL PARA ELIMINAR PENSAMIENTOS AUTODESTRUCTIVOS 45
CAPÍTULO 5: DOMINE EL ARTE DE LA TRANQUILIDAD CON TÉCNICAS ESTOICAS 52
CAPÍTULO 6: PRINCIPIOS ESTOICOS PARA ELIMINAR BLOQUEOS CREATIVOS...59
CAPÍTULO 7: DIFERENCIAR ASPECTOS QUE PODEMOS Y NO PODEMOS CONTROLAR 65
CAPÍTULO 8: CÓMO CONTROLAR LAS EMOCIONES Y MINIMIZAR LA PREOCUPACIÓN DEL ESTOICISMO 69
CAPÍTULO 9: ESTOICISMO Y TERAPIA COGNITIVA CONDUCTUAL ..75
CAPÍTULO 10: HISTORIAS INSPIRADORAS DE SEGUIDORES ESTOICOS RECONOCIDOS 78
CAPÍTULO 11: GUÍA COMPLETA ESTOICA PARA UNA SALUD PERFECTA...82
CONCLUSIÓN..88

Introducción

¿Qué es el Estoicismo?

El estoicismo es una filosofía de vida diseñada para permitir que las personas vivan sus vidas de la mejor manera posible. Esta filosofía ayuda a reducir las emociones negativas, maximiza los sentimientos positivos y permite a las personas concentrarse y trabajar en las virtudes de su personalidad. El estoicismo es aplicable en todas las etapas y momentos de la vida. Existe un marco provisto para vivir cada momento y cada etapa de la vida. A las personas se les recuerdan aspectos que son realmente importantes en la vida y aprenden estrategias prácticas que les permitirán obtener lo que es realmente valioso.

Filosofía Grecorromana
Historia del Estoicismo

El estoicismo es una filosofía fundada en 301 a. C. por Zeno, un filósofo originario la ciudad de Citium, que es la actual Chipre. La filosofía obtiene su nombre de un mercado público donde los estoicos se reunieron en Atenas. Este mercado público era conocido como "Stoa Poikile", que significa "porche pintado".

Los estoicos se reunieron ahí y mantuvieron largas, pero interesantes discusiones con todos los demás participantes interesados. Las discusiones que incluyeron estoicos y todas las demás personas interesadas fueron filosóficas. Es a través de estas discusiones que se desarrollaron doctrinas de estoicismo.

Otra figura prominente en el desarrollo y avance del estoicismo es Crisipo. A este caballero se le atribuye el desarrollo elocuente de las doctrinas del estoicismo y es parte del "Stoa temprano".

Los estoicos fueron influenciados en gran medida por los primeros filósofos y pensadores. Fueron especialmente influenciados por los cínicos y por Sócrates, así como por los escépticos y académicos. Los académicos eran en su mayoría seguidores del gran pensador y filósofo, Platón.

Más allá de esta etapa inicial en el desarrollo del estoicismo está la segunda etapa que se conoce como el "Stoa medio". Uno de los filósofos más reconocidos en la etapa inicial y en la segunda es Cicero. No era necesariamente un estoico, sino simplemente un pensador comprensivo. Fue uno de los principales desarrolladores del pensamiento que desarrolló las doctrinas de Stoa. También fue durante esta etapa cuando se introdujo el estoicismo en Roma.

El período "tardío Stoa" es la última etapa en el desarrollo de esta filosofía. Esta etapa ocurrió durante el reinado imperial del Imperio romano. Sin embargo, el estoicismo experimentó una disminución cuando el cristianismo se convirtió en la religión principal en todo el Imperio romano. Otras escuelas de pensamiento también entraron en declive, como el epicureísmo.

A medida que el cristianismo se extendió por todo el Imperio romano y el estoicismo comenzó a desvanecerse, algunas figuras históricas reconocidas se apegaron a la idea porque les influyó mucho, aunque algunos fueron críticos de la filosofía. Aquellos que fueron influenciados incluyen a Tomás de Aquino, Thomas Moore, Francis Bacon, Erasmo Boecio y otros Padres de la iglesia primitiva.

Otras entidades también fueron influenciadas por esta forma de vida, incluida la teología protestante neo-ortodoxa y el existencialismo moderno. El estoicismo está experimentando un resurgimiento e influyendo en muchas prácticas, incluido el comportamiento cognitivo y la logoterapia. Existen muchas similitudes entre el estoicismo y otros enfoques filosóficos como el humanismo secular y el budismo.

Las tres áreas de estudio del estoicismo

De acuerdo con los estoicos, el aspecto más crucial de su filosofía era la ética práctica. La ética práctica habla de vivir la mejor vida posible que una persona podría vivir. Incluso entonces, determinaron que otros componentes adicionales eran necesarios para afectar el aspecto ético. Estos aspectos adicionales son la comprensión de cómo funciona el mundo y la aceptación de las limitaciones, así como la capacidad del pensamiento humano.

Como tal, los principios del estoicismo se basan en tres aspectos principales: lógica, física y ética. En estoicismo, la física se refiere a la filosofía natural, la metafísica y las ciencias naturales. Los filósofos antiguos eran muy conscientes de la limitación de la sabiduría y el conocimiento humanos y, por lo tanto, siempre estaban listos y dispuestos a cambiar sus puntos de vista. Es por eso que, con el tiempo, algunos aspectos del estoicismo fueron superados por el conocimiento moderno, incluida la ciencia.

Cuando se trata de lógica, los estoicos a menudo incluyen aspectos de epistemología, que es una teoría del conocimiento, así como psicología y otras ciencias sociales relevantes. Crearon un sistema de creencias lógico que se oponía fuertemente al que Aristóteles había presentado anteriormente.

Filosofía y ética

La mayoría de las personas están interesadas en aprender sobre la ética estoica en lugar de los aspectos de lógica y física de la misma. Esto se debe a que la ética estoica está estrechamente relacionada con la filosofía práctica. Muchas personas opinan que el estoicismo se trata de disimular las emociones y vivir la vida con sentimientos ocultos.

La verdad es que los estoicos aprenden a cambiar sus emociones para que puedan alcanzar la paz interior. Ciertas situaciones que los humanos experimentan todos los días causan diferentes tipos de emociones, incluido el amor, la ira y el miedo. Afortunadamente, podemos aprender cómo evitar las emociones negativas usando la mente reflexiva. Usando la mente reflexiva, podemos dejar de lado las emociones y posteriormente tomar el tiempo para considerar si las emociones deben ser apreciadas o descartadas.

Los estoicos pueden distinguir claramente entre la actuación basada en el buen juicio y las reacciones instintivas. El primero se conoce como "eupathos", mientras que el segundo se conoce como "propathos". El objetivo de los estoicos es alcanzar la tranquilidad basada en un buen juicio después de evaluar una situación o incidente. Este estado de paz mental se conoce como "apatheia".

Los estoicos creían que una vida exitosa y próspera es aquella en la que una persona desarrolla virtudes morales para convertirse en una persona decente y un buen miembro de la sociedad. En este sentido, desarrollaron cuatro virtudes cardinales distintas: coraje, sabiduría, templanza y justicia.

Acción positiva para cualquier situación

El estoicismo proporciona una solución para vivir una vida excepcional, independientemente de una situación dada o la etapa de la vida en la que se encuentre. Las personas deben pensar y considerar cuáles aspectos son honorables, decentes y verdaderamente importantes para que puedan aplicar lo que es digno y respetable.

El estoicismo está diseñado deliberadamente para agregar valor a la vida, que sea práctica y tenga sentido. De hecho, no necesita aprender nuevas técnicas de meditación o teorías filosóficas. El estoicismo simplemente ofrece formas prácticas, beneficiosas e instantáneas de mejorar el carácter de una persona y encontrar paz y tranquilidad de maneras simples pero prácticas.

Razones para el desarrollo del estoicismo

En el siglo III a. C., se desarrolló una escuela de filosofía. Se originó en la antigua Roma y Grecia en un momento en que las personas estaban realmente centradas en llevar vidas significativas sin trabajo pesado ni miseria. En aquel entonces, la gente nunca pensó que alcanzar cosas materiales como el dinero o la gloria personal y el prestigio daría como resultado la felicidad. La mayoría se centraron en las formas en que podían alcanzar la paz y la felicidad.

Aquí es donde el estoicismo derivó su escuela de pensamiento. El estoicismo proporcionó soluciones a desafíos como el miedo, el estrés, la ansiedad y las preguntas principales que las personas tienen, como lo que desean de la vida. La respuesta principal a la mayoría de estos desafíos fue: "Deseo tranquilidad y felicidad continua, todo lo que proviene de ser una persona virtuosa".

Todo esto se logró a través de un enfoque práctico. Un individuo que buscaba mejorar las virtudes de su carácter necesitaba centrarse en sus acciones que en las palabras. Básicamente, las acciones positivas conducen a experiencias positivas y una mejor calidad de vida y una experiencia desafiante resulta del comportamiento negativo.

En resumen, podemos concluir que el estoicismo es una filosofía antigua y una escuela de pensamiento que se enfoca en una forma específica de vida. Su enfoque principal es cómo reducir las emociones negativas, maximizar la felicidad y, en general, llevar una vida virtuosa. Muchas personas de renombre en todo el mundo han probado estos principios, incluidos Tom Brady, Thomas Jefferson y George Washington.

Cuatro valores cardinales

Los estoicos creen en las cuatro virtudes distintivas de la justicia, el coraje, la templanza y la sabiduría. Esto se debe a que una buena vida, según los estoicos, se encuentra a través del desarrollo de las virtudes morales de cada uno. Los estoicos consideran que cultivar los valores morales adecuados lleva a una persona a ser buena y moralmente recta.

Además, los estoicos fueron cuidadosos con ciertos aspectos, como la salud y la riqueza. No debe permitir que estos y otros bienes afecten la moralidad de una persona. En esencia, una persona puede ser moralmente recta independientemente del estado de su riqueza, salud o estatus en la sociedad. Incluso entonces, algunas de estas cosas ayudan a lograr objetivos estoicos, por lo que son preferibles, mientras que otras pueden no ser preferidas, ya que son un obstáculo.

Los seguidores estoicos realizan una gran distinción entre los asuntos que están bajo su control y los asuntos que están fuera de su control. Una de estas cuestiones es el proceso de pensamiento. Nuestras actitudes y pensamientos destacan de una manera importante. El plan básico es que la tranquilidad es el resultado de enfocarse en asuntos que están bajo nuestro control y dejar de lado las cosas que no están bajo nuestro control. Las cosas que están fuera de nuestro control no deben hacernos preocupar ni gastar emociones; no hay necesidad de desesperarse o preocuparse por cosas sobre las que no tiene control.

La mayoría de los primeros estoicos eran miembros prominentes de la comunidad. Incluían emperadores, generales militares y políticos. Esto significa que invirtieron sus energías cada día tratando de cambiar la sociedad para mejorarla por el bien común. Incluso entonces, aceptaron que existen cosas que no pudieron cambiar y así hicieron las paces con ese hecho.

Los estoicos aceptaron que su filosofía es amor, y como tal, aprendieron y aceptaron cómo amar y aceptar no solo a ellos mismos sino también a los demás. El amor tampoco debe limitarse a solo amigos cercanos y familiares. Los estoicos también poseen un amor general hacia la humanidad y la naturaleza. La visión de los estoicos era mejorar el estado de la humanidad y el mundo.

Cómo aplicar los principios estoicos

Entonces, ¿cómo practican los estoicos el estoicismo? Existen ciertas prácticas y procedimientos. El más destacado de estos son ciertos ejercicios espirituales que están inspirados en escritos antiguos. Diferentes personas abordan el estoicismo de manera diferente, pero los principios básicos son los mismos en todos los ámbitos. A continuación, algunas prácticas estoicas comunes:

1. *Meditación matutina*: La primera actividad del día debe ser la meditación. Debe encontrar un lugar agradable y tranquilo donde pueda pasar unos momentos meditando. El lugar que elija no debe

estar demasiado iluminado. No tiene que ser al aire libre, sino en un lugar cómodo y tranquilo incluso en su hogar.

Mientras medita, tómese el tiempo para concentrarse en su día por delante y piense en las virtudes y doctrinas del estoicismo. En ocasiones, los estoicos también se centran en ciertos proverbios de los filósofos antiguos como Sócrates. Lea uno o dos y piense en ello, luego intente vivir de acuerdo con el proverbio.

2. *Utilice el Círculo de Hierocle*: El Círculo de Hierocle permite ejercicios visuales que también son excelentes para los estoicos. El círculo requiere que piense en ciertos aspectos en un cierto orden. Primero piense en usted y posteriormente extienda los pensamientos a su familia, amigos y círculo cercano. También piense en los residentes de su ciudad, sus vecinos y las personas donde trabaja y vive. Finalmente extiende este círculo y piensa en las personas de este mundo, la naturaleza y eventualmente en todo el universo.

3. *Visión superior*: Así mismo obsérvese como antes, pero esta vez desde una vista superior. Expanda este círculo y piense en su país, el cielo, las constelaciones de galaxias y el universo entero.

Capítulo 1: Todo lo que Necesita para Ser Feliz está en su Interior

De acuerdo con los principios del estoicismo, todo lo que necesita para ser verdaderamente feliz yace dentro de usted. Tal como es, solo necesita concentrarse en los aspectos que puede cambiar sin preocuparse por los que no puede cambiar.

Recuerde que el estoicismo se trata de vivir la mejor vida posible. Esto puede comenzar en cualquier momento de la vida de una persona. Según el estoicismo, necesita muy poco para ser feliz. Esto se debe a que todo lo que necesita para ser feliz se puede encontrar en su interior. De acuerdo con los estoicos, el secreto de la felicidad es realmente simple.

Idealmente, y como ya se mencionó, no controlamos las cosas que nos pasan. Como tal, no debemos gastar energía, pensamientos o tiempo en asuntos que escapan a nuestro control. De esto se trata el estoicismo. Al no enfocarnos en cosas que están fuera de nuestro control, evitamos tensiones innecesarias, estrés, preocupaciones y ansiedad.

Estoicismo

De todas las filosofías de la antigüedad, el estoicismo se encuentra entre las que se centran en la felicidad y el bienestar del individuo.

Últimamente, personas de todo el mundo se han interesado en las obras de tres filósofos estoicos: Marco Aurelio, que fue un emperador, Epicteto, que inicialmente era un esclavo, y Séneca, un reconocido tutor de Nerón.

Básicamente, los estoicos comparten un principio subyacente: creen que el estoicismo es la solución para una vida feliz y libre de estrés, y esto se logra mediante el logro de un excelente estado mental. Este tipo de estado mental se obtiene siendo racional y con virtud. Una gran vida es aquella en la que un individuo está en paz con la naturaleza.

El estoicismo comenzó en Grecia y fue fundado por un filósofo conocido como Zenón en 300 a. C. El estoicismo obtuvo su nombre de la "Stoa pintada", que es un lugar en Atenas donde Zeno solía enseñar. Lamentablemente, la mayoría de las obras de los primeros estoicos se perdieron, por lo que la gente ahora se centra en las enseñanzas de los estoicos romanos.

Felicidad e infelicidad

Epicteto expresó un par de ideas que han proporcionado principios básicos sobre el estoicismo y la felicidad. Según Epicteto, existen cosas que podemos controlar y cosas que están fuera de nuestro control. De acuerdo con ello, existen muy pocos aspectos en la vida que podamos controlar. Por ejemplo, no tenemos control sobre lo que las personas hacen o dicen, no podemos controlar realmente lo que nos sucede, y tampoco controlamos completamente nuestros cuerpos, que se enferman y eventualmente mueren sin la debida consideración a nuestros pensamientos y sentimientos.

Los pocos aspectos sobre los que tenemos control incluyen los juicios y opiniones que hacemos con respecto a las cosas y la forma en que pensamos sobre diferentes temas. Luego continúa afirmando que las situaciones y las cosas no molestan a las personas y las entristecen, pero trata más de lo que pensamos sobre estas cosas. Por ejemplo, supongamos que ocurre algo significativo. Como seres humanos, podemos tener nuestros propios pensamientos sobre las cosas que acaban de ocurrir.

Las situaciones, incidentes y sucesos son en sí mismos neutrales por naturaleza. Esto se debe a que lo que puede molestarle es bastante inofensivo para los demás. Otros incluso dan la bienvenida a algunas situaciones. De acuerdo con los principios del estoicismo, son las conclusiones individuales a las que llegamos después de una situación o incidente que pueden hacernos felices o infelices.

El estoicismo dicta que tenemos control sobre el proceso de pensamiento con respecto a estos acontecimientos y las conclusiones a las que llegamos. Debido a esto, nuestra felicidad se basa estrictamente en las conclusiones que sacamos sobre las cosas que nos pasan. Tal como son las cosas suceden. Cuando lo hacen, pueden ser buenas o malas dependiendo de cómo lo veamos o, más bien, de cómo elijamos valorarlo.

A distancia, puede parecer como subestimar los serios desafíos que las personas enfrentan a diario. Por ejemplo, ¿cómo puede alterar la forma en que pensamos ayudar a colocar comida en la mesa de alguien? Incluso entonces, los primeros estoicos no tenían miedo de abordar tales preguntas y realmente lo reconocieron y admitieron que la vida podría ser difícil y desafiante.

Tomemos el ejemplo de Séneca, uno de los primeros estoicos. Pasó por mucho sufrimiento, incluidos múltiples duelos y exilio. Finalmente se vio obligado a quitarse la vida por el emperador Nerón.

Ejercicios prácticos

Con el tiempo, los estoicos desarrollaron una serie de ejercicios cuyo objetivo principal era ayudar a capacitar a las personas sobre cómo adaptar las ideas estoicas a sus vidas cotidianas. Una de las recomendaciones surgió del propio Séneca. De acuerdo con él, es una excelente idea realizar un balance de cada día y anotar las situaciones en las que se molesta o ataca a alguien que posiblemente no lo merece. Si puede observar tales errores, observará lo que lo provocó y posiblemente reaccionará de manera diferente la próxima vez.

Otra estrategia que fue adoptada por los estoicos fue desarrollada por Marco Aurelio. Siempre estaba alerta al hecho de que probablemente se encontraría con muchas personas molestas durante todo el día. La mayoría de estos serían individuos molestos, desagradecidos, impacientes y probablemente estresados. Es aconsejable considerar los sentimientos de los demás y comprender que la mayoría de las personas están estresadas y posiblemente infelices. Como tal, es recomendable estar preparado para el contacto negativo con las personas y, por lo tanto, evitar conflictos.

Los estoicos también enseñan que no somos importantes. Tal como son las cosas, los seres humanos son bastante prescindibles, y el universo no gira a nuestro alrededor. Durante la meditación, la mayoría de los estoicos se centraron en la inmensidad del universo, así como en el infinito del tiempo. El tiempo se extiende hacia el pasado y hacia el futuro. En comparación con esta inmensidad, nuestras vidas son minutos y momentos simples. Como tal, si espera que el universo le otorgue lo que desea, se decepcionará. Sin embargo, si aprende a aceptar lo que el universo ofrece, entonces estará mucho más satisfecho con la vida.

Desarrollar un ritual matutino

Los estoicos han aprendido a adoptar un concepto conocido como "Amor Fati". Este concepto nos enseña a aceptar todo lo que la vida nos da, ya sea malo o bueno, y a asumirlo, deleitarnos y amarlo. Esto significa aceptar incluso los momentos difíciles, desafiantes, atroces y lamentables.

Existen muchos momentos en la vida cuando las cosas se tornan difíciles, cuando surgen numerosos desafíos y las cosas simplemente son pésimas. En esos momentos, tendemos a sentirnos realmente deprimidos y abatidos, lo cual no es algo muy agradable. Sin embargo, no debemos permitir que ningún sentimiento negativo y desafío en la vida nos desanime. Es aconsejable comprender que la vida siempre tendrá sus desafíos y dificultades. Como tal, es aconsejable aceptar las cosas que nos pasan. La aceptación, afirman, es la mejor solución para manejar y enfrentar las situaciones difíciles que la vida nos brinda.

Mucha gente camina con la esperanza de que la vida les brinde todo lo que necesitan en bandeja de plata. Muchos de nosotros esperamos y rezamos para que la vida sea bondadosa y gentil, y que nos ofrezca buenas noticias todo el tiempo. Esta es la razón por la cual tanta gente se siente frustrada y abatida. Los sabios han aprendido a aceptar el concepto de Amor Fati, un concepto que nos enseña a aceptar todo tipo de cosas que la vida nos brinda.

Incluso las cosas verdaderamente desagradables deben ser aceptadas y asumidas. Después, encontrará una solución, si es necesario. Aceptar las cosas realmente desagradables que la vida nos transmite es lo que realizan los estoicos. Esto incluye aceptar todas las cosas, malas o buenas, que la vida le otorga.

De acuerdo con un estoico reconocido, no debemos esperar que nos sucedan todas las cosas que queremos en la vida. En cambio, debemos asegurarnos de aceptar lo que la vida nos presente. De esta manera, nuestras vidas serán más serenas. Y el emperador romano Marco Aurelio estaba completamente de acuerdo. Él creía que cualquier cosa que el mundo nos envíe es adecuada para nosotros. Nada de lo que se nos presente en el momento adecuado es demasiado temprano o demasiado tarde. Ser uno con la naturaleza y aceptar las cosas que el mundo nos brinda es una gran manera de estar en paz y vivir una vida serena.

Cómo vivir y aceptar Amor Fati

Mucha gente tiene un problema con Amor Fati. No creen que sea posible o fácil simplemente aceptar las cosas que la vida les envía. Después de todo, ¿cómo acepta la gente las cosas desagradables que suceden? De hecho, puede ser bastante desafiante.

Si bien Amor Fati no se originó en los estoicos, la frase se originó en otros. Sin embargo, estas dos palabras y el significado detrás de esto resumen exactamente de qué se trata el estoicismo. Según el estoicismo, Amor Fati es generalmente una mentalidad que consiste en aceptar lo que la vida nos envía y la gente debería esforzarse por obtener lo mejor de ella.

Es aconsejable estar de acuerdo con las cosas que la vida nos otorga y manejar las cosas que salen en lugar de luchar contra ellas. Aceptar las cosas malas y buenas y abrazarlas es cómo debemos abordar la vida.

Cuando aplica el principio de Amor Fati, debe amar estos desafíos y considerarlos partes esenciales de la vida. Amor Fati nos enseña que todas estas cosas suceden por una razón y depende de nosotros convertirlas en positivas.

En la vida, todos nos embarcamos en un viaje, y el viaje de todos es único. Si bien es aconsejable aceptar el destino y enfrentar los desafíos que surgen, otros lo encontrarán difícil e inaceptable. Por ejemplo, existe la paternidad y el patriotismo. Con estos dos conceptos, habrá momentos difíciles, incluidos sacrificios y dolor. Sin embargo, estos sirven a un gran propósito, y al final, habrá inmensa alegría y satisfacción.

La vida realmente no debería ser fácil. Llegaremos a donde queremos, pero tenemos que comenzar donde estamos y enfrentar las circunstancias en las que nos encontramos. Esto se debe a que la vida no es perfecta y nunca tuvo la intención de serlo. Todos tenemos una sola vida, y es posible lograrlo a través de ella. Sin embargo, debemos aceptar el hecho de que la vida es un desafío y puede servirnos en diversos aspectos desagradables en el camino.

Como tal, debemos entender claramente el hecho de que no será "Navidad" todos los días. Entonces, con todo lo anterior, ¿cómo manejamos las situaciones malas? ¿Cómo se supone que debemos reaccionar cuando aprendemos que no estamos a cargo de ciertas situaciones y que probablemente no alcanzaremos todas las cosas que deseamos en la vida?

Evite quejarse y negar

Existe un viejo dicho que afirma: "Si se encuentra en un agujero, deje de cavar". Es aconsejable no negar la realidad sino aceptarla y aceptarla. Es solo después de aceptar su situación y circunstancias que puede hacer algo al respecto. Además, quejarse nunca es la solución. Es una completa pérdida de tiempo y energía. Esto es a menudo una señal de que estás resistiendo una situación sobre la que no tiene control. Esa energía y esos valiosos momentos podrían usarse para encontrar una solución definitiva al problema.

Por naturaleza, los seres humanos pueden quejarse, llorar, ponerse de mal humor y, en general, protestar por una mala situación. Sin embargo, las quejas y los llantos no ofrecen solución y no ayudan a mejorar las cosas. Todos tenemos una opción cuando nos enfrentamos a desafíos; enfurecerse y molestarse o detenerse y pensar en una solución. Esto comienza con la aceptación de la situación y posteriormente seguir adelante para solucionar el desafío.

Podríamos sentir la tentación de pensar que al aceptar una situación desagradable no podremos encontrar una solución y, por lo tanto, no lograremos nada. Sin embargo, aceptar una situación no significa que no hará nada al respecto. Por ejemplo, si se cae por las escaleras y se rompe la pierna, no se limitará a sentarse y no hacer nada al respecto. Definitivamente irá al hospital y buscará ayuda médica. Sin embargo, el estoicismo requiere que acepte la situación y piense en una solución en lugar de gastar energía preocupándose por las cosas, pero sin tomar ninguna medida.

Esto es similar que ser encarcelado. Si está en la cárcel, puede optar por negar el hecho de que está en la cárcel o podría aceptarlo y luego hacer algo al respecto. Ser capaz de dar la vuelta, aceptar la situación y posteriormente plantear un enfoque pragmático o una solución al problema es absolutamente esencial. Esta es, en la mayoría de los casos, quizás la única solución disponible.

Mirar hacia el futuro

Cuando ocurre un incidente desafortunado, a menudo se siente extremadamente doloroso en ese momento. A veces puede parecer que es el fin del mundo. Sin embargo, si respira hondo, hace una pausa por un momento y piensa en el futuro, se dará cuenta de que las cosas no son tan malas.

Los problemas y desafíos siguen ocurriendo todo el tiempo. El problema de hoy puede parecer que es el peor, mientras que el siguiente problema parece peor que el anterior. Y de nuevo vendrá otro problema, y parecerá aún peor que todos los demás. Es mucho mejor tener una perspectiva positiva sin importar los desafíos que se presenten.

Cada vez que ocurre una tragedia y se nos presentan desafíos, el mejor enfoque posible es mirar hacia el futuro. Idealmente, deberíamos tomarnos el tiempo para pensar qué nos depara el futuro y qué podemos hacer con nuestras circunstancias actuales a este respecto. Si nos centramos en el futuro, los problemas y desafíos actuales parecerán minuciosos y triviales.

De acuerdo con los seguidores del estoicismo, necesitamos aprender a avanzar y mirar hacia el futuro. Pensar en el futuro incluso en el momento de los desafíos actuales los hace parecer bastante triviales. En solo un par de meses o años (dependiendo del problema), no se sentirá tan mal por las cosas. Probablemente estará en otro lugar haciendo otras cosas. Esto significa que será más feliz en el futuro después de que los problemas actuales desaparezcan.

Visualizar la vida como un juego

Los juegos son a menudo desafiantes, y todos esperamos ser desafiados independientemente de los juegos que juguemos. Si está jugando a un videojuego y logra llegar al segundo nivel, esperará un desafío aún mayor que en el nivel inicial. Si no hubiera un desafío importante, entonces probablemente se decepcionaría.

Lo mismo es cierto sobre la vida. La vida siempre tendrá sus desafíos. Siempre mire las cosas bajo su control y manéjelas de la mejor manera posible en lugar de preocuparse por las cosas sobre las que no tiene control. Este mismo principio se aplica al entrenamiento de las Fuerzas Especiales. A las Fuerzas de Operaciones Especiales les agrada considerar su entrenamiento como un juego y un desafío especial, que siempre esperan conquistar. Si visualizan el entrenamiento como un evento decisivo, probablemente no tendrían éxito.

La vida es muy similar a un juego: entramos en él y enfrentamos los desafíos que presenta. A veces lo intentamos y fallamos. Cuando esto sucede, entonces deberíamos desempolvarnos y comenzar de nuevo. Finalmente, intentaremos tener éxito. Fracasar puede ser frustrante, pero también puede ser divertido. Si aprende a asimilar y aceptar los obstáculos y desafíos de la vida, entonces definitivamente evitará frustraciones y mejorará sus posibilidades de no solo encontrar el éxito sino también la felicidad en la vida.

Aprender a aceptar las circunstancias es una excelente manera de superar tiempos difíciles, fracasos y otros desafíos de la vida. No debe quejarse ni vivir en la negación, sino centrarse siempre en el futuro, aceptar los desafíos de la vida de manera positiva y pensar en acciones que lo puedan guiar al tipo de éxito que desea.

Agradezca lo positivo y los desafíos de la vida

Aun cuando estemos de acuerdo en que debemos aceptar nuestras situaciones actuales y centrarnos en el futuro para luchar, todavía necesitamos aprender a amar los momentos verdaderamente desafortunados. Como sucede con la mayoría de las personas, cuando suceden cosas malas, tendemos a creer que tenemos razón y que la culpa no es nuestra.

Sin embargo, cuando estamos en el momento, nunca es fácil tomar una decisión sobria. No podrá llegar a la solución o no tendrá las respuestas que necesita si se encuentra en una situación difícil. Por ejemplo, si pierde su vuelo, se sentirá extremadamente decepcionado. Sin embargo, si el avión termina estrellándose, el incidente de perder el vuelo no será tan decepcionante después de todo.

Gran parte del tiempo que las personas son desagradecidas es cuando observan asuntos o problemas sin ser objetivos. Las personas tienden a ver los problemas desde una posición subjetiva, por lo que tienden a ser desagradecidos. Con objetividad, no se sentirá tan triste o enojado, pero fácilmente tendrá gratitud por cada situación. El aspecto más crucial de la gratitud es centrarse en el futuro. Si presta atención al viaje, su carga se aligerará. Logrará asumir el futuro y los desafíos que conlleva. De esta manera, podrá alcanzar la felicidad sin importar las circunstancias.

Amor Fati significa amar el destino

Como la vida tiene muchas decepciones y desafíos, en lugar de desear que las cosas fueran diferentes, es mejor aceptarlos. Esto significa no solo aceptar los desafíos sino también asimilarlos. Aceptar los problemas ocasionados por la vida es la última fuente de fuerza y poder. Las personas débiles quieren que las cosas sean de cierta manera, pero las personas fuertes reúnen la fuerza y aceptan todos sus desafíos y problemas.

Para tener éxito, debe aprender a asimilar, aceptar e incluso amar los desafíos y las desgracias. En resumen, el término Amor Fati simplemente nos enseña a amar cada parte de la vida, incluidos los buenos y los malos momentos. Simplemente asimilarlo o aceptarlo no es suficiente.

Debe evitar las negaciones y las quejas. Estos dos aspectos son su enemigo, ya que le impedirán progresar. No importa lo que pase, debería ser capaz de superar sus dificultades y desafíos. Como tal, cuanto antes comience a aceptarse a sí mismo y a sus circunstancias, mejor será para usted.

Siempre mire hacia el futuro y no se detenga en los problemas actuales. Sus problemas actuales no le agobiarán para siempre. Quizás para el mes siguiente, habrá superado los desafíos. Como tal, debe mirar hacia adelante y pensar en la mejor solución para sus desafíos y cómo llegar a donde desea estar.

Aprenda a tratar la vida como un juego con desafíos cada vez más difíciles. Si la vida es fácil, entonces no es interesante. Algunos conflictos y algunos desafíos personales siempre aseguran que emerja más fuerte y exitoso. Y, por último, debe tener un corazón agradecido. No importa lo que pase, siempre estará agradecido. Nunca se sabe cómo será el futuro, así que acepte su situación actual y esté agradecido por todo.

El Estoicismo trata de hacer cosas y no solo de leer

El estoicismo es un tipo práctico de filosofía. Significa que las personas tienen que hacer cosas en lugar de solo leer sobre ellas. Esa es la razón por la cual los primeros estoicos idearon formas prácticas de practicar el estoicismo. Por ejemplo, no puede esperar leer sobre artes marciales y luego salir y actuar como un profesional. Para ser capaz, tendrá que entrenar y trabajar arduamente durante mucho tiempo.

Es por eso que los primeros estoicos idearon formas prácticas de vivir como un estoico. No solo querían que la gente leyera sobre el estoicismo, sino que en realidad lo practicaran todos los días para lograr la verdadera felicidad. Crearon diversos ejercicios o rituales para practicar. Estos tienen como objetivo entrenar la mente para responder adecuadamente a los incidentes y desafíos que se nos presentan. De esta manera, cada vez podemos reaccionar adecuadamente.

Los filósofos advierten a las personas no solo de aprender y comprender las cosas, sino también de practicar lo que aprenden. Esto se debe a que, con el tiempo, las cosas tienden a olvidarse y los recuerdos se desvanecen. Como tal, terminamos haciendo lo contrario y practicamos cosas que son contrarias a lo que promovemos.

Más de 2.000 años después, existe evidencia científica que muestra que lo que los estoicos determinaron en ese momento es muy cierto y preciso. Supongamos que se siente fatal por las cosas que la vida le ha dado. ¿Cuál es su próximo curso de acción? Como estoico, existen un par de cosas que puede hacer. A continuación, las enlistamos:

1. Pregúntese qué le recomendaría hacer a otra persona

Supongamos que viaja con su amigo y él o ella conducen. Hay tráfico, por lo que toca la bocina, asoma la cabeza y luego grita a otros automovilistas. En cambio, le aconseja que se calme y se relaje. El mismo incidente ocurre al día siguiente, pero esta vez usted es el conductor. Entonces, ¿actuaría como su amigo instintivamente o sus acciones serían diferentes?

Este es un desafío que los estoicos detectaron hace muchos años. Sabían que era fácil pedirles a otros que actuaran de cierta manera, pero es más difícil hacer lo mismo. Cuando se trata de nosotros, nos resulta mucho más difícil hacer lo mismo. Esto es a lo que Epicteto se refería cuando habló de visualización proyectiva.

Ejemplo: tomemos el ejemplo de un sirviente en nuestra casa. Si rompe una taza, estaremos molestos y furiosos con ellos, ya que el incidente interrumpirá nuestra tranquilidad. Sin embargo, para poner esta ira en perspectiva, piense si este incidente ocurriera en la casa de un amigo. Probablemente no pensaríamos mucho en eso y trataríamos de calmar a nuestro amigo, diciéndoles que solo se rompió una taza y que estas cosas suceden.

La visualización proyectiva, según Epicteto, es una excelente manera de hacernos apreciar el tipo de reacción que tendríamos cuando las cosas suceden frente a cómo reaccionaríamos cuando no nos veamos directamente afectados. Como tal, podemos apreciar la insignificancia de un incidente que ocurre, y como tal, no permitiremos que interfiera con nuestra paz. Los problemas tienden a ser importantes y molestos cuando nos suceden, pero relativamente insignificantes cuando se les ocurren a otros.

En tales asuntos, se aplica el principio de asesoramiento externo. Esto significa preguntarse qué haría si recomendara soluciones a otra persona. En la mayoría de los casos, no pensaríamos en nuestras emociones y en nuestro estado actual; parecerían distantes y remotos. La conclusión en tales casos es simplemente hacer a los demás lo que usted quisiera que hicieran por usted. Esto es similar a la regla de Tonga que indica: "Haz en ti mismo lo que recomendarías a los demás".

2. Aplicar la Disciplina de Asentimiento

Puede comenzar a aplicar la regla de Tonga en su vida todos los días. Los estoicos instaron a las personas a no dejarse llevar por sus sentimientos o pensamientos. De acuerdo con la disciplina del asentimiento, debe permitirse sentir el deseo y la necesidad de hacer algo que no debería hacer, y luego evitar hacerlo por completo.

Este es un desafío muy complejo, y la mayoría de nosotros no podemos contenernos. Solo toma un momento mínimo para llegar a una decisión, pero ese momento es realmente la clave. Si puede controlar ese momento y hacer todo lo posible para resistir cada vez, entonces eventualmente se convertirá en un hábito, y muy pronto evitará la ira y los arrebatos cada vez que algo negativo le suceda.

De acuerdo con uno de los primeros estoicos, Epicteto, el momento clave es detenerse cuando está a punto de reaccionar ante una situación y luego posponer el impulso. Todo lo que necesita hacer es contener la respiración, hacer una pausa y pensar en su próximo plan de acción. Muchos otros filósofos también han hablado sobre este momento. Básicamente, lo que esto requiere es primero detectarlo en el momento justo antes de actuar y posteriormente resistir en lugar de actuar.

Es sorprendente si logras resistir el impulso de actuar instantáneamente después de un desafortunado incidente. Sin embargo, ¿es esto algo que puede hacer repetidamente? ¿Puede lograr resistir el tiempo suficiente? Esencialmente, necesitará mucha fuerza de voluntad para no actuar, sino para resistir. Además, es más fácil para el cerebro posponer el acto en lugar de posponerlo por completo. Esta táctica funciona de manera efectiva.

De acuerdo con los filósofos, un hábito realmente no se puede erradicar por completo. En cambio, debería ser reemplazado por algo más. Para cambiar efectivamente un hábito, entonces debemos aplicar lo que se conoce como la regla de oro del cambio de hábito. Si mantenemos el mismo ímpetu y recompensa, podemos reemplazar el hábito actual por uno nuevo.

Es aceptable deshacerse del mal comportamiento, pero es aún mejor reemplazarlo con un buen comportamiento. Sin embargo, dado que los seres humanos siempre anhelan cosas nuevas y mejores, siempre debemos mantener ese anhelo. Porque una vez que se elimine, daremos las cosas por sentado. Para conservar este tipo de anhelo, los estoicos brindaron una solución.

3. Convierta estas acciones en un deleite

De acuerdo con los estoicos, el deseo incontrolado puede convertirlo en una persona miserable. En palabras de Epicteto, una persona sabia es aquella que no se lamenta por las cosas que no tiene, sino que se regocija y celebra las cosas que tiene. Sin embargo, para los estoicos, llevaron las cosas al extremo.

Por ejemplo, se deshacían de las cosas que amaban y luego comenzaban a pensar en la muerte, etc. Incluso se privaron de cosas que les agradaban y también dejaron de dar las cosas por sentado, como la salud, los amigos, etc. Según la investigación, tales acciones otorgan frutos. Este tipo de enfoque funciona, y existen pruebas de ello.

Ejemplo: Considere una sección de la semana en la que se ve limitado con muy poca comida y viste con ropa gastada. Luego, pregúntese si esto es realmente todo lo que teme. Cuando lo haga, encontrará que en realidad no es tan malo como cree. Sin embargo, puede obtener los mismos resultados a través de formas menos extenuantes.

Piense en todas las cosas que solía apreciar que hoy en día da por sentado. Por ejemplo, piense en el café de la mañana que solía sentirse realmente bien, pero ahora lo toma sin un destello de gratitud. Ahora evite ese café durante tres o cuatro días y observe cómo resulta. Según los filósofos, esta es una excelente manera de comenzar a apreciar, una vez más, muchas de las cosas que da por sentado hoy.

Básicamente, si disfruta de su taza de café por la mañana, simplemente omítala por un par de días. Cuando vuelva a tomar el café, sabrá mucho mejor y será mucho más sorprendente. El truco no es renunciar a algo por completo, sino dejarlo de lado por un par de días.

Los estoicos buscan que disfrute de su café y, en general, disfrute de la vida y de todo lo que tiene para ofrecer. Todo lo que evitaron fueron las emociones negativas, pero eran seres emocionales, y aceptaron todas sus emociones. También creían que las personas deberían enfocarse en el presente y saborear lo que está frente a ellas en lugar de enfocarse en un futuro incierto. Cuando el alma está ansiosa por eventos futuros, una persona ya no sufrirá miseria sino ansiedad. Es posible que el alma nunca disfrute el descanso si se enfoca en las cosas por venir en lugar de las cosas a la mano.

La ciencia también apoya a los estoicos porque cuando se enfocas en el futuro, no puede disfrutar el presente. Será más feliz si enfoca su energía en las experiencias agradables actuales. El ingrediente más crucial para saborear el presente es la atención enfocada. Debe encontrar el tiempo y hacer un esfuerzo para celebrar lo positivo. De esta manera, enriquecerá su vida y disfrutará de un bienestar de calidad.

4. Aprender a analizar su día

Los estoicos enfatizaron la necesidad de analizar cada día para proporcionar información sobre cómo mejorar su vida. Todos los días deben ser analizados. Al mirar hacia atrás en su día y reflexionar sobre él, aumenta sus posibilidades de tener un mejor día al día siguiente y un futuro más pacífico y tranquilo.

Antes de recostarse y dormir, examine su día y pregúntese qué hizo mal y qué cosas no hizo que debería haber hecho. De esta manera, podrá tomar nota y mejorar su día siguiente. Incluso entonces, debes ser como Séneca y tener compasión por sí mismo. Se recomienda la autocompasión, así que perdónese e identifique las áreas en las que podría mejorar.

Capítulo 2: El Poder el Estoicismo para una Vida más Plena

El estoicismo es una filosofía antigua cuya aplicación es muy relevante para la vida actual. Muchas personas están comenzando a mostrar interés en esta filosofía y desean aprender más sobre ella y aplicarla a sus vidas. Algunos de los primeros estoicos, como Séneca el Joven y Marco Aurelio, fueron grandes pensadores y filósofos. Algunos de sus escritos han resultado ser los más vendidos.

Muchas personas actualmente compran literatura sobre estoicismo, incluidos libros de autoayuda basados en los trabajos de los primeros estoicos, como Epicteto y Marco Aurelio. Es recomendable considerar el estoicismo tal como lo pretendían los primeros estoicos.

El estoicismo es básicamente un sistema de pensamiento

Si bien el estoicismo insiste en la acción para aplicar sus principios, incluye mucho más que una filosofía ética. En su núcleo existe un sistema de lógica, una teoría de la realidad, la física y la inmensidad del universo. El aspecto más básico del estoicismo es no dar nada por sentado en la vida.

El estoicismo consiste en aceptar la reflexión. Esta aceptación de la reflexión es muy similar a muchas otras filosofías y escuelas de pensamiento. El estoicismo nos enseña que para llevar una vida plena necesitamos hacernos preguntas difíciles. Necesitamos preguntarnos cómo es ser humano y cómo reaccionamos cuando nos enfrentamos con la desgracia o desafíos. Según los antiguos estoicos, la mejor solución es razonar y pensar antes de actuar. Y la razón definitivamente necesita una mente disciplinada.

Según los grandes pensadores y filósofos, la filosofía es el esfuerzo por responder a la pregunta "¿Cómo debo vivir?" Para responder adecuadamente a esta pregunta planteada por la filosofía, necesitamos tener una comprensión razonable del mundo en el que vivimos, así como de nuestra relación con él.

Como tal, la filosofía no se trata realmente de encontrar la verdad sobre la vida, sino más bien de encontrar la tracción para caminar de manera constante, incluso cuando los que le rodean tropiezan y se quedan en el camino. Si llega a conocer y apreciar su lugar en el universo, podrá tomar fácilmente las consideraciones sobre la forma en que debe vivir para poder vivir la vida en conjunto con los valores que aprecia y los que establece para sí mismo.

Filosofía del estoicismo

El estoicismo, como ya hemos determinado, es una escuela de filosofía de la antigua Grecia que fue fundada por Zenón de Citium en la ciudad de Atenas. De acuerdo con esta escuela de filosofía, la virtud es la forma más elevada del bien y se basa en el conocimiento. Las personas sabias existen en conjunto con la providencia y el destino que gobiernan la naturaleza. Tampoco les preocupan los resultados de la buena fortuna y son indiferentes al dolor y al placer.

El estoicismo también se puede considerar como las cosas en la vida que se nos ocurren y nuestras reacciones hacia ellas. Como tal, es crucial separar los asuntos que están bajo nuestro control, como los pensamientos y las emociones, de todos los problemas que están fuera de nuestro control. Para analizar las cosas con la perspectiva correcta, necesitamos ser capaces de controlar nuestros pensamientos y emociones.

Si puede controlar sus pensamientos y emociones, entonces puede visualizar la verdad honesta en diferentes cosas y situaciones. Piense en una botella de refresco. El refresco no es ni bueno ni malo. Solo existe. Ahora, si bebe el refresco, disfrutará su agradable sabor dulce. Sin embargo, los refrescos no agregan ningún valor nutricional y solo harán que aumente de peso y probablemente aumente sus niveles de azúcar en la sangre.

Entonces, si conoce esta verdad, puede ver el refresco de manera diferente según lo que elija. Si le agrada el refresco y disfruta de su sabor gaseoso y azucarado, entonces es más probable que se concentre en los aspectos positivos e ignore los negativos. Por otro lado, si usted es consciente de su salud y está enfocado en su salud personal, buscará mantenerse lo más alejado posible de la gaseosa. Sus reacciones a la gaseosa, que le atraen o alejan de ella, están guiadas por sus emociones.

Las emociones que le guían definitivamente se encuentran dentro de usted. Esto significa que puede influir y controlarlas, aunque a veces esto no es algo sencillo de hacer. Si puede hacerse cargo de sus emociones, siempre puede elegir si tomar un refresco y cuándo hacerlo o no. Esto, al final, se convierte en una cuestión de costo versus beneficio en el que considera sus acciones, que en consecuencia determinan el resultado.

Este tipo de perspectiva se puede aplicar a muchas otras instancias en su vida. Si sigue tomando este tipo de perspectiva en la vida, entonces lo convertirás en un hábito. Básicamente entrenará su mente para buscar conocimiento sobre un determinado tema, sobre cuáles son las consecuencias o resultados de un incidente, y luego tomar decisiones basadas en este conocimiento.

La comprensión de que nuestras emociones y deseos tienen un efecto poderoso en las cosas que elegimos hacer y las que elegimos no hacer. A menudo tienden a llevarnos hacia muchas cosas que son perjudiciales para nuestras vidas y que no tienen ningún beneficio real para nosotros. Nuestros deseos y emociones nos llevan a experiencias que, al final, tienen resultados desafortunados. También puede suceder que nuestras emociones y deseos nos alejen de las experiencias positivas que nos impactarán de diversas maneras.

Además, cuando reconozca su lugar en el mundo y se conozca lo suficiente, le permitirá pensar en la mejor manera de vivir para que siempre cumpla con el conjunto de valores que desea para usted. Tal como es, nunca debe estar demasiado ocupado en la vida de modo que le falte el tiempo necesario para concentrarse en su vida.

Estoicismo y meditación

De acuerdo con los filósofos, un hombre que está demasiado ocupado para meditar durante diez minutos cada día debería meditar durante una hora completa todos los días. Gran parte de lo que la mayoría de la gente sabe sobre la meditación se obtiene de las meditaciones del propio Marco Aurelio. Se convirtió en el emperador de Roma a una edad temprana y estuvo en guerra durante todo su reinado. Si bien siempre salió victorioso en sus guerras contra otros imperios y tribus del norte, le causaron grandes daños. Como tal, decidió invertir su tiempo en sus pensamientos.

Comenzó a meditar y pensar sobre diferentes aspectos y problemas. Encontró consuelo en sus pensamientos al igual que se supone que todos los estoicos deben hacerlo. Comenzó a registrar y escribir sobre su meditación, y estaba destinado a ser privado. No escribió en absoluto desde un punto de vista filosófico y no citó a otros filósofos y pensadores. Sus escritos fueron, por lo tanto, principalmente sobre sus propios pensamientos filosóficos y meditaciones.

La filosofía estoica de Marco Aurelio

A continuación, un breve vistazo a algunas de las citas y filosofías de Marco Aurelio. Se muestran desde una perspectiva de estoicismo para comprender los aspectos básicos pero cruciales del estoicismo.

De acuerdo con Marco, todas las cosas están unidas, y esta unión es sagrada. Este pensamiento se origina en el "monismo", que es una filosofía antigua. Según esta filosofía, el universo es inherentemente uno.

Los estoicos creían firmemente en Dios. Creían que Dios es la entidad única que reúne todas las sustancias. Piense en entidades como el agua, el fuego y la tierra. La última sustancia que une a todas estas entidades es Dios mismo. Y dado que Dios Todopoderoso es supremo, siempre debemos esforzarnos por trabajar en conjunto con la naturaleza para estar más cerca de Dios.

Marco también declaró que todo lo que ocurre sucede por una razón. Y si observa de cerca, es muy probable que lo vea de esa manera. Según esta filosofía, todo el universo está unido como uno a pesar de que existen ciertas entidades diferentes. Si todo está unido de alguna manera, entonces es posible que todas las cosas funcionen juntas. Y si todas las cosas son perfectas, entonces no existe otra manera. Según los estoicos, todos los eventos que ocurren están predeterminados. En filosofía, este fenómeno se conoce como "determinismo".

Los estoicos creen que tenemos poder sobre nuestras mentes, pero no tenemos poder sobre los eventos. Como individuo, usted posee poder sobre su mente, pero no sobre los hechos más allá de usted. Debido a ello, no puede hacer nada para afectar el curso de los sucesos. Puede controlar su proceso de pensamiento y las emociones. Como tal, cuando ocurren acontecimientos, solo podemos controlar nuestras reacciones a ellos.

Para llevar una vida tranquila y feliz, debemos aprender a controlar nuestras emociones cuando las cosas no van de acuerdo con nuestros deseos. Encontrar la fuerza mental necesaria para lograrlo es lo que plantea la filosofía del estoicismo. Los estoicos son reconocidos por su fortaleza mental. Cuando la tragedia los sobrepasa, pueden manejarlo con dignidad y calma.

Existe una gran diferencia entre los estoicos y la gente común. La persona común puede rezar para no pasar por una desgracia; sin embargo, los estoicos rezarán por la fuerza para manejar la desgracia. Piense en Marco que perdió a dos hijos pequeños en un determinado momento de su vida. Cuando sucedió la desgracia, consideró que era correcto, pero rezó para tener la fuerza necesaria para superar ese desafío.

Hace muchos años, tal vez incluso hace décadas, los británicos enseñaban estoicismo en la escuela. Se cree que es la razón detrás del rígido carácter del que a menudo se les acusa. Esto, sin embargo, emana de los rostros rígidos que usan cuando experimentan la tragedia y las desgracias.

Cualquier impedimento que obstaculice la acción realmente anticipa la acción. Todo lo que bloquea el camino resulta ser el camino. Como notamos anteriormente, todo en el universo está predeterminado, y nada simplemente sucede. Debido a este principio, no hay nada que pueda hacer sobre sus circunstancias, pero puede controlar cómo reacciona ante ellas.

De acuerdo con los estoicos, no existe una verdad única porque todo lo que escuchamos no es un hecho, sino simplemente una opinión. Como tal, todo lo que vemos puede denominarse como una perspectiva y no como la verdad. Los seres humanos son un pequeño fragmento del universo que es una entidad verdadera y perfecta.

Debido a que las personas son un fragmento del universo, no pueden llegar a conocerlo todo realmente. Según el emperador Marco Aurelio, tenemos que practicar lo que se conoce como "perspectiva". El Perspectivismo es una filosofía antigua donde se rechaza la noción de que cualquier persona puede acceder a la verdad suprema. Es diferente del relativismo que no observa ninguna verdad en el mundo.

El Perspectivismo acepta la idea de la verdad solo en que la comprensión humana de la misma es defectuosa y arbitrada, lo que dificulta nuestro acceso completo a la verdad. Cada individuo tiene una opinión que no se puede descartar. Esta opinión, por lo tanto, es simplemente una perspectiva que podría estar más cerca o más lejos de la verdad, pero definitivamente no es la verdad absoluta.

Además, de acuerdo con Marco, no existe una persona infalible porque el ser humano infalible no existe. Es imposible juzgar definitivamente a un individuo ya que no existe una verdad absoluta sino solo perspectivas que podrían estar más cerca o más lejos de la verdad. El estoicismo no es una panacea para toda la información y no promete ni ofrece un conocimiento perfecto. La naturaleza generalmente se rige por la razón, pero existe una autoridad que es superior que la razón. Por esta razón, no existe ningún ser humano que pueda demandar la infalibilidad. Esto muestra las diferencias entre la sabiduría y la inteligencia. Las personas sabias pueden distinguir las limitaciones de su inteligencia.

La virtud debe ser visible en sus acciones y no simplemente en teoría

De acuerdo con los filósofos, necesitamos un carácter bueno y virtuoso si queremos conducirnos diligentemente. Las acciones diligentes emanan de personas virtuosas. Por lo tanto, en lugar de perder el tiempo debatiendo las virtudes de una buena persona, debemos esforzarnos por convertirnos en una. Por lo tanto, siempre debe esforzarse por ser una persona de virtud porque afirman que la virtud reside en una persona de buen carácter.

Los estoicos y los filósofos nos enseñan que somos lo que pensamos. Según los pensamientos del emperador Marco, lo que piense determinará eventualmente el contenido o la calidad de lo que tiene en mente. Y nuestros pensamientos eventualmente se reflejan en nuestra alma, y esto también se muestra en nuestros rostros y comportamiento.

Nuestra conducta emana principalmente de la razón y el pensamiento. Nuestras emociones traicionan nuestros juicios y, como tales, se consideran cognitivas. Considere la emoción de la codicia, por ejemplo. La codicia constituye una falacia en el juicio, ya que las personas tienen una impresión equivocada sobre el valor intrínseco de las posesiones y el dinero. Los estoicos siempre se esfuerzan por existir en conjunto con la naturaleza, y como tal, atesoran la razón. La razón se tiene en alta estima por encima de todo lo demás porque todo el universo está supervisado y conservado por la ley de la razón.

Nuestras vidas tienen un significado eterno a medida que nuestras acciones se extienden hacia la eternidad. Los estoicos creen firmemente que el universo es eterno y constituye a Dios. Dios es perfecto, verdadero y eterno, y básicamente, todo lo perfecto es eterno. Los seres humanos son parte del universo más amplio, y todas las cosas que hacemos en esta vida constituyen una parte del universo.

Es común que las personas hablen de la enorme extensión del universo en relación con lo diminutos que son los seres humanos. Sin embargo, lo que esas personas no tienen en cuenta es el infinito. Como el universo es infinito, nuestras actividades y pensamientos son extremadamente importantes, ya que constituyen ese universo infinito.

Si desea llevar una vida feliz, plena y tranquila, debe asegurarse de tener solo pensamientos de calidad. El mundo en el que vivimos es bastante complejo, y nosotros también lo somos. Como tal, si contemplamos y mejoramos la calidad de nuestro proceso de pensamiento, nos libraremos del pensamiento confuso, el agotamiento espiritual y los problemas emocionales. Sin embargo, contemplar requiere esfuerzo y coraje. Si es valiente, busque el tiempo y organice sus pensamientos. Y si tiene tiempo, entonces debe encontrar el coraje. Si lo hace, puede alinear su proceso de pensamiento.

Llevar una mejor vida con los principios del estoicismo

Como seres humanos, tenemos emociones. Podemos controlar estas emociones, aunque no sea algo sencillo de lograr. Piense en la inofensiva botella de refresco que no es ni buena ni mala. Sabe que, si bebe el refresco, disfrutará de la bebida gaseosa, su sabor dulce y probablemente se sientas renovado. Sin embargo, los refrescos pueden aumentar sus niveles de azúcar en la sangre y agregar cientos de calorías a su cuerpo. Estará expuesto a enfermedades del estilo de vida como la diabetes y probablemente aumente de peso. Como tal, disfrutará el refresco durante un par de minutos, pero los problemas lo seguirán durante mucho tiempo.

Tomar perspectiva al pensar en temas y eventos es crucial y determinará cómo conducirá su vida. Al tomar una perspectiva y pensar en las consecuencias, comenzará a hacerlo en todos los aspectos y en todo momento. Eventualmente, se dará cuenta de que los deseos y las emociones lo guían en la dirección donde su vida no se beneficiará y, en cambio, sufrirá consecuencias. Si sigue las emociones y los deseos, experimentará grandes negativas en su vida y también será alejado de las cosas que son buenas para usted.

Existen principios de estoicismo que pueden guiar su vida en la dirección correcta. Los importantes son solo un par y son muy sencillos. Sin embargo, contienen muchas ideas considerables, muchas de las cuales son aplicables en nuestras vidas. Su vida no tiene que ser estrictamente estoica, pero puede adaptar algunos de estos principios para llevar una vida mejor, más tranquila y plena. Examinemos un par de estos principios:

1. Creamos nuestros sentimientos, y nuestras emociones se originan desde el interior

Como ser humano y como individuo, usted tiene la responsabilidad exclusiva de determinar si le agrada alguien o si desea algo. Las decisiones que tome sobre lo que ama, desea o le agrada son totalmente suyas. Sin embargo, la situación es bastante diferente ya que la mayoría de las personas reaccionan automáticamente a las situaciones y nunca realizan una pausa para pensar que la solución debería venir desde su interior.

Tome un momento para considerar la sensación que siente cuando recibe un plato de su comida favorita. Quizás el sentimiento se compara estrechamente con ver a su persona favorita o amigo cercano. El sentimiento es quizás espléndido. Sin embargo, usted es la fuente de sentimientos y emociones. Estos emanan de lo profundo de usted. Son sentimientos auténticos porque provienen de su interior, son una respuesta natural y son su creación.

Experimentará sentimientos similares cuando se trata de comprar algo nuevo. Estar a cargo de sus emociones y sentimientos es crucial. Si desea tener éxito profesional, personal y económicamente, debe crear la respuesta emocional correcta, que en la mayoría de los casos suele ser la correcta.

2. Trabajar de cerca con un mentor respetado

A menudo tomamos decisiones en la vida basadas en nuestra comprensión y conocimiento del mundo en el que vivimos. Con el tiempo, las experiencias que ganamos a través de la vida nos enseñan mucho y nos abren los ojos a muchas cosas. Sin embargo, cuando somos jóvenes, nos falta experiencia y vulnerabilidad.

Por eso es recomendable trabajar con un mentor. Un buen mentor lo guiará a través de algunos de los desafíos y situaciones de la vida. Tenemos diferentes tipos de mentores, incluidos mentores de vida, mentores profesionales, etc. Todos son cruciales y pueden ayudar de diversas maneras.

Existen todo tipo de mentores que puede elegir, desde pastores hasta ejecutivos de negocios con experiencia o incluso un pariente de confianza. Un mentor profesional puede ayudar con asesoramiento profesional o comercial, mientras que un mentor de vida confiable puede ser cualquier persona de confianza en la comunidad.

Existe una razón por la cual los mentores son necesarios: juegan un papel crucial en la mentoría de las personas y en guiarlas a tomar decisiones importantes sin involucrar emociones personales. Cuando un mentor le ayude a tomar una decisión, generalmente tendrá su mejor interés de corazón, ya que no tienen ningún apego personal o interés emocional.

Un mentor lo guiará a través de sus opciones y posteriormente lo instruirá y lo educará sobre cada opción. De esa manera, puede tomar decisiones inteligentes en lugar de decisiones emocionales o sin educación. Esto puede resultar invaluable en lugar de simplemente emitir juicios opacados por la emoción.

3. Ocurrirán fallos, pero la vida debe continuar

El miedo es una emoción poderosa y se encuentra entre las más poderosas. La gente generalmente teme diversas cosas. Estos incluyen perderse cosas importantes, perder una relación, contraer una enfermedad grave, dañar sus carreras, etc. Existe un gran temor al fracaso, y la gente lo considera como algo muy negativo.

Sin embargo, el miedo es simplemente una emoción como todas las demás. El desafío con esta emoción es que nos desalienta a tomar riesgos y también nos insta a evitar el riesgo de fallar independientemente de los posibles resultados. Si podemos desafiar el miedo, entonces podemos asumir más riesgos, y esto nos abrirá a más oportunidades. Tener miedo de correr riesgos por el miedo al fracaso frena a muchas personas que de otro modo habrían sido extremadamente exitosas.

Sería extremadamente desafortunado para cualquiera perder una oportunidad simplemente por miedo. Tal como es, el miedo nunca debe impedir que un individuo se exponga por completo. Si hubiera una oportunidad disponible para usted, entonces el mejor plan de acción es analizarla y observar si hay posibilidades de éxito y qué posibilidades de fracaso existen.

El mejor enfoque para vencer el miedo es enfrentar los hechos de frente. También debe analizar sus posibilidades de éxito y si es capaz de manejar la derrota o cualquier pérdida. Básicamente, solo necesita una oportunidad razonable para sopesar los posibles beneficios versus pérdidas o riesgos.

El miedo es generalmente una emoción que puede detenerle. Sin embargo, si se percata de que es solo una emoción como cualquier otra, entonces estará dispuesto a asumir más riesgos y considerar todos los riesgos financieros, personales y profesionales disponibles para usted.

4. Lea y aprenda, luego aplique el conocimiento adquirido

Como estoico, necesita adquirir conocimiento, pero aplicarlo prácticamente. El estoicismo requiere que aprendamos a evaluar situaciones, cosas, lugares y personas. Cuando realiza la evaluación, nunca debe permitir que sus emociones interfieran. En su lugar, debe usar su conocimiento y mente para analizar personas, situaciones y cosas para obtener el mejor resultado.

Si desea convertirse en una mejor persona de diversas maneras, debe aumentar su conocimiento, evaluar sus palabras y posteriormente aplicar el conocimiento que adquiera. Si aplica ese conocimiento adecuadamente a este mundo, se convertirá en una mejor persona con un carácter firme y vivirá una vida plena y exitosa.

A veces puede surgir incertidumbre y situaciones de miedo. Esto se debe a que cada oportunidad en la vida conlleva un cierto riesgo de fracaso y esto se considera correcto. Cuando fallamos, nunca es el fin del mundo; de hecho, el fracaso puede considerarse algo positivo porque es probable que aprendamos lecciones valiosas de él. Nunca debe permitir que el miedo al fracaso lo detenga y le niegue una oportunidad justa de progresar en la vida o lograr algo.

5. Siempre sea honesto consigo mismo

Uno de los mejores regalos que podemos darnos es la honestidad. No debe tener estándares extremadamente altos de sí mismo, de modo que a veces tenga que ser deshonesto. En este mundo, no existe un individuo perfecto. Sin embargo, es común encontrar personas que tienen opiniones muy elevadas de sí mismas. Si tiene una visión elevada de sí mismo, entonces se arriesga a quedarse atrás de los demás. Si esto sucede, se verá obligado a una situación en la que debe ser deshonesto solo para mantener una personalidad superior a la media.

Si este fuera el caso, correrá el riesgo de perderse numerosas oportunidades, incluidas aquellas en sus relaciones, carrera, finanzas, etc. Entonces ocurrirán problemas y cuestiones, como los celos, la ira y el rechazo. Estas y muchas otras reacciones negativas se producirán al no ser honesto consigo mismo.

Una de las cosas más importantes que debe hacer es ser absolutamente honesto consigo mismo. Necesita enfrentar la honestidad y ser sincero consigo mismo. Por ejemplo, si se trata de sus habilidades o experiencia, debe ser el dueño de sus niveles. Determine las áreas donde está capacitado o tiene suficiente experiencia y resáltelos. Además, asegúrese de tener en cuenta las áreas que necesitan mejoras. Recuerde que no necesariamente debe ser totalmente honesto con los demás, sino solo consigo mismo. Ser brutalmente honesto con los demás a veces se considera cruel. A mucha gente no le agradará y lo evitará como una plaga. Trate a los demás cortésmente y solo sea totalmente honesto consigo mismo.

6. Siempre reflexione sobre el uso del tiempo

La superación personal y la autosuficiencia se encuentran entre los principios con los que se identifica el estoicismo. Como individuo que busca adoptar el estilo de vida estoico, debe ser capaz de separarse completamente de sus emociones y observar el mundo en su forma empírica o más básica.

Acepte su posición donde sea que se encuentre en la vida y posteriormente elija elevarla desde allí. Si toma nota de sus atributos y busca mejorar o aplicarse de la mejor manera posible, entonces será mucho más feliz y exitoso. La razón es que buscará obtener la mayor cantidad de información posible y también buscará mejorar sus cualidades personales y su bienestar físico.

Uno de los principales desafíos que enfrentan la mayoría de las personas cuando intentan mejorar es encontrar el tiempo. Generalmente no podemos encontrar tiempo para estudiar y mejorar nuestras habilidades y ampliar nuestro conocimiento. Las personas ni siquiera pueden encontrar tiempo para ir al gimnasio y hacer ejercicio solo para estar en forma, posiblemente desarrollar algo de músculo y perder peso. Tal como es, la gestión del tiempo es un desafío difícil para la mayoría de las personas. Si puede administrar adecuadamente su tiempo, puede lograr todo lo que desee y encontrar el tiempo para aumentar su conocimiento y hacer ejercicio para estar en forma y saludable.

El mejor enfoque para lograrlo es comenzar un diario. Otros incluyen rastreadores de tiempo digital que se encuentran en teléfonos inteligentes y computadoras. Un rastreador de tiempo lo ayudará a controlar su tiempo todo el día. De esta manera, puede tomar nota de las secciones del día donde puede encontrar o ahorrar tiempo para hacer otras cosas.

7. Analice cómo gasta su dinero

Todo lo mencionado anteriormente con respecto a la gestión del tiempo también se aplica al dinero. Muchos de nosotros ganamos mucho dinero, pero no estamos seguros de cómo se gasta. Sin embargo, es sorprendente que las personas que ganan cantidades relativamente menores sean capaces de hacer mucho más con eso. Y aquellos que ganan cantidades relativamente grandes es probable que lo gasten en cosas que no son necesarias. Aprender a ser prudente con su dinero le permitirá lograr más y desempeñarse mejor de diversas maneras.

En primer lugar, debe observar de cerca cómo gasta su dinero. Piense en lo que es importante y lo que no está relacionado con sus gastos personales. La mejor manera de hacerlo es presupuestar su dinero o usar un rastreador de gastos. Un buen presupuesto es ideal porque le permite planificar y asignar dinero a cada sector de su vida que considere crucial.

Si presupuesta su dinero adecuadamente, puede anotar dónde gasta en exceso y dónde puede ahorrar. Si está desperdiciando dinero, el rastreador de gastos o presupuesto se lo indicarán.

8. Piense en su propósito en la vida y guíese con ese propósito

Todos tienen un propósito en la vida. Todos nacemos para lograr algo crucial. Sin embargo, solo pensar en el propósito individual puede ser una tarea y la mayoría de las personas no pueden explicar claramente su propósito. Es importante pensar en nuestro propósito en la vida y en cómo vivimos nuestras vidas de acuerdo con este propósito.

Después de todo, lo encontrará extremadamente satisfactorio si gasta su tiempo y dinero en algo que ama. Muchas personas afirman que se sienten muy satisfechas cuando invierten su esfuerzo, tiempo, energía y dinero en causas en las que creen firmemente. Además, las personas tienden a sentirse mal y en ocasiones culpables cuando gastan su energía, tiempo y dinero en cosas que no están alineados con su propósito en la vida. Como tal, debe enfocarse en usar el propósito como guía de cómo invertir su dinero y la mayoría de las otras cosas que posee.

9. Evite la postergación a toda costa

Una de las peores cosas que puede hacer es posponer las cosas. Desafortunadamente, con demasiada frecuencia tendemos a postergar la creencia de que podemos dejar de lado los problemas y tratarlos más tarde. Los primeros estoicos creían firmemente en ahorrar tiempo y en una adecuada gestión del tiempo. La razón es que cualquier tiempo que desperdicie nunca será recuperado. Como se afirma, el tiempo y la corriente realmente no esperan a nadie.

Además, cuando posterga, tiende a invertir tiempo en cosas, asuntos, problemas y cuestiones que no están alineados con su propósito en la vida. Como tal, pierde tiempo en cosas que probablemente no agreguen mucho valor a su vida. Piensa en las cosas que son importantes para usted. Concéntrese en estas cosas y dedique más tiempo y esfuerzo en ellas.

Cuando escriba las cosas que son importantes para usted, y posteriormente las alinee con su propósito en la vida, encontrará que posterga menos y se enfoca más en lo que es realmente importante. Básicamente, muchas personas descubrirán que la gestión del tiempo es un área crucial de sus vidas donde necesitan mejorar.

10. Estar presente en cada momento

Hemos aprendido que el estoicismo depende en gran medida de aspectos como la superación personal y la autosuficiencia. A menudo permitimos que nuestros instintos tomen la iniciativa en lugar de la razón. Cuando nos separamos de una situación, confiamos en el instinto, y los instintos dependen de la emoción. Debido a depender de la emoción, nuestras reacciones tienden a ser irracionales. Podemos desempeñarnos mejor y tener más éxito cuando estamos presentes en cada momento. Esto significa que podemos recibir más de cualquier situación, así como tomar decisiones más informadas cuando nos permitimos estar presentes en el momento. Por lo tanto, intente y asegúrese de estar presente en cada momento para que se desempeñe de mejor manera y obtenga un resultado más positivo.

Capítulo 3: Aprenda a Superar las Dudas, la Autocrítica y los Sentimientos de Insuficiencia

De acuerdo con Séneca, uno de los primeros estoicos, las personas generalmente están más atemorizadas que heridas. También afirmó que los humanos están más angustiados por su imaginación que por hechos reales.

Como persona, es probable que tenga miedo al rechazo e incluso sentimientos de insuficiencia. Tal vez sienta que no es lo suficientemente bueno. Existen numerosas causas. Por ejemplo, podría sentir todos sus errores frente a usted. A veces, su autoestima puede disminuir y su confianza cae al suelo.

Afortunadamente, no está solo, y este no es un problema aislado. Muchas personas constantemente se sienten insuficientes; es un fenómeno que ha estado ocurriendo desde el inicio de la vida humana. Este antiguo problema también tiene una solución antigua, la cual funciona perfectamente.

Nuestros sentimientos emanan de nuestros pensamientos
De acuerdo con los estoicos, las cosas malas que nos suceden no necesariamente nos entristecen. Nuestra tristeza no emana de la roca

que rompe su ventana o del rudo peatón en la calle. Nuestras reacciones emocionales son el resultado de nuestras creencias, juicios y pensamientos.

Los estoicos como Epicteto declararon claramente que no son los eventos los que generalmente molestan a las personas, sino la forma en que las personas los perciben. Y esto es lo que forma la base de lo que ahora se conoce como "Terapia Cognitiva Conductual".

Terapia Cognitiva Conductual (CGT)

La terapia cognitiva conductual opera con el concepto de que nuestros pensamientos afectan en gran medida nuestros sentimientos, lo que a su vez afecta nuestras acciones. Al final, nuestras acciones terminan influenciando nuestros resultados y circunstancias en la vida.

Tal como es, las diferentes situaciones e incidentes que encontramos en la vida no necesariamente afectan nuestros sentimientos. Lo que hace es que nuestra interpretación de las cosas, o cómo vemos las cosas, e incluso las palabras que las personas hablan tienden a afectar nuestros sentimientos. Muchas personas dudan de esta teoría y creen que las palabras y los pensamientos de las personas los afectan directamente.

Supongamos que saca algo de su bolsillo parecido a un arma. Si lo apunta a otra persona y piensan que es una pistola de agua, no se verán afectados. Sin embargo, si creen que lo que parece un arma apuntada hacia ellos es un arma, reaccionarán de manera diferente. Su comportamiento seguirá siendo el mismo, pero es su percepción lo que cambia. Por lo tanto, sus pensamientos afectarán su reacción.

Tal como son las creencias, realmente no importan cuando se trata de nuestras acciones. El proceso de pensamiento es realmente clave. Si lograr trabajar en sus pensamientos, entonces sus acciones serán completamente diferentes. Esto es algo que los estoicos entienden. Entienden que las personas necesitan hacer preguntas relacionadas con creencias inútiles e irracionales, por lo que llevamos una vida más productiva y útil. Son nuestras creencias las que impulsan nuestras reacciones y sentimientos.

Los estoicos también determinan que los seres humanos son propensos a hacer preguntas, especialmente sobre creencias que son inútiles o irracionales. Sin embargo, incluso cuando eliminamos los pensamientos negativos e irracionales de nuestras mentes, no necesariamente tenemos que reemplazarlos por pensamientos positivos.

En cambio, necesitamos encontrar afirmaciones racionales y pensamientos útiles. A continuación, presentamos cómo superar este desafío:

1. Buscar e identificar pensamientos errados

A menudo existe una voz en nuestras cabezas susurrando pensamientos que bajan nuestra autoestima y nos hacen perder la confianza. A veces nos sentimos incómodos por una razón u otra. Es recomendable preguntarnos cuál es el problema que nos está haciendo perder la confianza.

La primera instancia es pensar qué pensamientos tiene en mente. Podría ser algo como: "Eres un fracaso" o "Qué tonto". Ahora que los pensamientos han sido identificados, el siguiente paso es desafiar estos pensamientos. Necesita pausar e interrogar los pensamientos. Según Epicteto, debe poner a prueba los pensamientos para descubrir su origen o causa.

La terapia cognitiva conductual ofrece una solución para estos pensamientos equivocados. Los pensamientos distorsionados siempre deben atraer una respuesta racional. Un pensamiento distorsionado podría indicarle que es inútil y que nunca equivaldrá a nada si se equivoca. Pensará que eres un fracaso total y que nada en su vida funcionará. Estos son pensamientos irracionales y distorsionados que son falsos y sin fundamento.

Los pensamientos racionales, por otro lado, darán una respuesta razonable. Por ejemplo, si arruina un proyecto, el pensamiento racional tendrá sentido. Le informará que probablemente haya realizado tales proyectos antes y que, por lo tanto, no sea un fracaso. Además, es posible que haya fallado esta vez, pero lo más probable es que tenga éxito la próxima vez.

Nunca debe permitir que los pensamientos extralimitados, negativos y molestos entren sin ser desafiados. Tan pronto como aparezcan tales pensamientos, debe hacer una pausa y desafiarlos a corregirlos y establecer un proceso de pensamiento legítimo. Si continúa haciéndolo, lo convertirá en un hábito y eventualmente aprenderá cómo deshacerse de todos los pensamientos irracionales instintivamente. Esto funciona adecuadamente para aquellos con pensamientos negativos. Sin embargo, existen otros que tienen baja autoestima y padecen de falta de confianza, esto se considera de manera diferente.

2. Examinar sus creencias fundamentales

Muchas personas ocasionalmente se sienten deprimidas y desanimadas, y esto no necesariamente puede ser causado por pensamientos negativos ocasionales. A veces es nuestro sistema de creencias fundamentales. Algunas de estas creencias podrían ser negativas. Algunas personas piensan que no son atractivas o deseables y nadie puede amarlas. Otros creen que son perdedores que nunca equivaldrán a nada útil. Por lo tanto, todo esto se reduce a las creencias fundamentales de una persona.

Si tiene tales creencias dentro de usted, desafiarlas podría ser una tarea desalentadora. Tales conceptos a menudo están arraigados en nuestras mentes que se convierte en un gran desafío enfrentarlos. Si bien podría representar un desafío desalentador, hay un par de cosas que podemos hacer en su lugar.

Nuestros sistemas de creencias están configurados para que una persona reconozca factores que promueven pensamientos negativos en lugar de aquellos que promueven los positivos. Como tal, se vuelve bastante difícil desafiarlos. Es por eso que la baja autoestima es una prueba más importante en comparación con los pensamientos irracionales.

La evidencia que respalda los pensamientos positivos también es siempre un poco más difícil de presentar. Una forma de revelar este tipo de evidencia positiva es examinar nuestras experiencias pasadas para identificar esta evidencia que promueve nuestras creencias saludables. Otro auxiliar que proporcionará evidencia en apoyo de pensamientos positivos es el consejo adecuado.

Este consejo que necesita es el amigo cercano o un miembro de la familia que constantemente le recuerda todos sus atributos positivos. Tal persona regularmente refuerza las grandes cosas que ha logrado y su potencial para lograr aún más. Su amigo cercano mencionará constantemente lo valioso e importante que es. Este tipo de refuerzo presentará evidencia de que necesita contrarrestar la evidencia negativa presentada por los pensamientos negativos y la baja autoestima.

Es aconsejable pasar el rato con amigos que estuvieron presentes cuando exhibió sus fortalezas y mostró sus puntos fuertes. Los amigos podrían recordarle esos momentos con mucha convicción porque estaban presentes en ese momento. Anotar estas fortalezas y tener una lista creíble es extremadamente crucial para superar sus problemas de baja autoestima. Tendrá una lista precisa y racional a seguir, y esto definitivamente aumentará su confianza.

Incluso después de abordar sus creencias centrales, las cosas no cambiarán instantáneamente. Según los estoicos, es importante tomarse un tiempo cada día y reflexionar sobre los sucesos del día para seguir mejorando. De acuerdo con Séneca, debe vigilar regularmente a usted mismo y analizar cada día. Necesitamos editar y equilibrar los acontecimientos de cada día.

3. Analice los sucesos de cada día

Entonces, cuando sus pensamientos afirmen que es un perdedor, los contrarrestará con evidencia de que en realidad es fuerte y capaz. Sin embargo, esto no debería ser un suceso, sino un proceso que se realiza a menudo y muy posiblemente todos los días. Mientras tanto, debe continuar manteniendo un registro de sus fortalezas y éxitos.

Un registro regular de evidencia que continúa aumentando constituye una herramienta poderosa que puede utilizar para desarrollar creencias positivas. De esta manera, se volverá menos reactivo a los incidentes que lo derriben. El registro de evidencia es, por lo tanto, un poder que puede ayudarle a superar algunos de los desafíos que plantea la baja autoestima. Los estoicos recomiendan el desarrollo de esta poderosa herramienta junto con una revisión diaria de los sucesos que experimente.

A su debido tiempo, eventualmente comenzará a observar aspectos positivos en su vida. También notará atributos positivos y eventualmente comenzará a asociarse con ellos. Esta asociación constante con sus fortalezas mejorará y aumentará su autoestima e infundirá pensamientos más positivos.

4. Obtenga una tarjeta de referencia cognitiva

Existen los ABC de la positividad. Siempre sea desafiante. Debe controlar cualquier pensamiento negativo dentro de su mente. Estos pensamientos necesitan ser analizados y desafiados regularmente. Cada vez que un estímulo externo perturbe su paz, recuerde que no es el estímulo externo lo que le molesta, sino sus pensamientos al respecto. Es posible eliminar estos pensamientos en cuestión de minutos, según el emperador Marcus.

El mejor enfoque para cambiar su proceso de pensamiento es hacerlo lo más fluido y fácil posible. De esta manera, evitará discutir regularmente o centrarse demasiado en su tiempo y energía. Como tal, deberá prepararse y tener una lista completa de pensamientos positivos o respuestas para contrarrestar cualquier pensamiento negativo que pueda aparecer en su mente.

Si se siente agotado y sin la energía para luchar contra los pensamientos negativos o la baja autoestima, entonces el mejor enfoque para usar es la tarjeta de referencia. Una tarjeta de referencia cognitiva es una herramienta que puede permitirle interpretar con precisión los pensamientos negativos de una manera positiva. Los pensamientos racionales le ayudarán a contrarrestar los pensamientos negativos, y con el tiempo, se volverá normal.

Estas son tarjetas reales y actuales diseñadas para ser herramientas que le ayuden a tener un mejor rendimiento. El uso de estas tarjetas le permitirá rendir mejor y tranquilizarse. Todo lo que tiene que hacer es escribir una tarjeta que detalle sus creencias y el tipo de mensaje positivo con atributos que le gustaría escuchar. Estructurar las tarjetas es sencillo. Podrían afirmar cosas como, *solo porque no tuve éxito hoy, no significa que no tendré éxito mañana.* O tal vez, *solo porque soy de estatura baja, no significa que no lograré mucho.*

Conserve este tipo de energía. Es posible que desee girar un ángulo positivo hacia ello. Por ejemplo, podría decir que *ayer podría haber fallado, pero hoy resultaré ganador.* Mantenga este tipo de impulso y asegúrese de continuar cada día hasta que los pensamientos positivos se conviertan en una segunda naturaleza para usted.

Resumen

En resumen, es importante primero constatar y luego confrontar cualquier pensamiento distorsionado y negativo en su mente. El siguiente enfoque es centrarse en sus creencias fundamentales y ponerlas a prueba. Esto es crucial si va a cambiar su forma de pensar. Después de esto, tendrá que pensar positivamente que contrarrestará los negativos. Además, analice su día todas las noches y tome notas de manera apropiada. Finalmente, tenga tarjetas de referencia cognitivas para renovar la positividad tanto en su mente como en su vida.

Capítulo 4: Cinco Estrategias Prácticas de Entrenamiento Mental para Eliminar Pensamientos Autodestructivos

Al observar a las personas exitosas, notará un par de factores sobresalientes. Primero es que todos poseen ciertas cualidades como pasión, experiencia, comprensión y valor. Sin embargo, hay ciertas cosas que no podemos ver. Las personas exitosas y pacíficas a menudo tienen ciertas cualidades internas que no son visibles, incluido el sistema interno dentro de un individuo.

Cada individuo tiene una filosofía o un conjunto de valores que aprecian, al menos la mayoría de los individuos felices y exitosos lo hacen. Tales individuos siguen un conjunto de principios que guían su comportamiento y mente. Sin embargo, ¿qué sucede cuando se produce el fracaso? ¿Cómo se supone que debemos responder ante una situación adversa?

Filosofía del estoicismo

La filosofía nos enseña cómo ser mejores personas y cómo llevar mejores vidas. La filosofía estoica nos ayuda a superar las tribulaciones y las pruebas que la vida nos presenta. Existen algunas filosofías complejas y abstractas, pero el estoicismo es simple y fácil de seguir. Nos proporciona las habilidades, herramientas y conocimientos necesarios para superar los desafíos de la vida y para permitirnos lograr nuestros esfuerzos.

El estoicismo proporciona un conjunto práctico de reglas para todas las personas, especialmente artistas, escritores e incluso empresarios. El enfoque principal en la filosofía de los estoicos es guiar a las personas sobre cómo convertirse en mejores personas y cómo llevar una vida feliz y más satisfactoria. La filosofía tiene como objetivo guiar a las personas a obtener la paz interior a medida que enfrentan y superan los desafíos de la vida.

El estoicismo es una filosofía que nos guía a superar la adversidad a través de principios como el autocontrol, el contacto con nuestra naturaleza, la conciencia de los sentimientos y las reacciones, y el tiempo mínimo que tenemos. Los estoicos en realidad vivieron estos principios a través de meditaciones frecuentes, por lo que siempre fueron uno con la naturaleza, pero nunca en contra de ella. Todos enfrentamos numerosos desafíos en la vida, por lo que debemos ser conscientes de este hecho y comprender la naturaleza de estos desafíos.

No debemos huir de nuestros problemas y desafíos; debemos estar preparados para comprender las adversidades para poder reaccionar adecuadamente ante ellas. Es aconsejable entender cómo transformar la adversidad en alimento que pueda satisfacer el hambre en nosotros. Algunos de los principios de los primeros estoicos promoverán un mejor trabajo, impulsarán su creatividad, mejorarán su vida y elevarán su estado mental general.

Como persona creativa, debe ser adaptable, comprometido, vulnerable y repleto de coraje. Para lograrlo, debe tener una mente centrada y que pueda manejar y alterar fácilmente cualquier adversidad, distracción y pensamientos negativos. En cambio, los principios de estoicismo requieren que prestemos más atención a nuestras mentes y corazones y nos centremos en las cosas importantes. Sin embargo, esto puede ser un poco difícil de lograr.

Para tener éxito, debe adoptar una filosofía que sea efectiva y que funcione. Una buena filosofía es la que funciona para usted y le ayuda a protegerse de sus debilidades. Además, no caerá en distracciones o excusas. Sin principio, a menudo sucumbiremos a nuestras emociones en lugar de principios. Sin embargo, cuando nos guiamos por principios en nuestro trabajo, carrera y vida, seremos más exitosos y nos desempeñaremos adecuadamente en todo lo que nos propongamos. A continuación, algunos consejos sobre cómo aplicar los principios y la filosofía del estoicismo en su vida:

1. Primero, acepte que las emociones se desarrollan desde el interior

De acuerdo con Marco Aurelio, es posible deshacerse de la ansiedad o incluso descartarla porque está dentro de nosotros y en nuestras percepciones, pero desde el exterior. Los estímulos externos no pueden hacernos sentir mal en el interior. Son las cosas que seguimos diciéndonos lo que nos estresará. Básicamente, no puede ser lastimado o dañado por un documento simple o lienzo. Nunca son estresantes. El estrés emana de los pensamientos dentro de usted.

Gran parte del tiempo queremos culpar a las fuerzas externas u otros por nuestros sentimientos. Sin embargo, todos nuestros sentimientos emanan del interior. Creamos nuestros sentimientos basados en nuestra percepción de los sucesos. Esencialmente, su mente es como un lienzo en blanco o un documento simple. Tal pieza no puede ser estresante como tal, su estrés solo se originará desde adentro.

La mayoría de las veces queremos culpar a otros por nuestros sentimientos. Esto se debe a que es algo sencillo de hacer y es el camino de menor resistencia. Sin embargo, es importante que aceptemos la verdad, que es que todo conflicto comienza dentro de nosotros. Todo comienza en nuestras mentes. Idealmente, cuando huimos de nuestras responsabilidades, nos estamos causando daño a nosotros mismos. Tampoco prestamos atención a la disciplina, que es absolutamente importante.

Si surge algún obstáculo o desafío, entonces no debe culpar a los factores externos. En cambio, debe mirar hacia adentro y encontrar una solución desde su interior. Como afirmaban los estoicos, no estamos perturbados por las cosas que nos pasan sino por las cosas que nos contamos.

2. Identifique a una persona honesta, después tome su ejemplo para seguir siendo honesto

Encuentre a alguien cuya personalidad, acciones y vida reflejen su carácter y sean generalmente aceptables para usted y para los demás. Tal persona de alta moral y carácter puede actuar como un pilar en su vida y le ayudará a mantener las cosas reales. Debe seguir admirando a este individuo como modelo a seguir y tutor. Esto es crucial especialmente para las personas cuyo carácter es excepcional y es aceptado por la sociedad y en todos los ámbitos. Para arreglar su actuar y convertirse en una mejor persona, necesitará un espejo o una regla para medirse.

Todos realizamos muchas cosas en el curso de nuestras vidas. Por ejemplo, algunas personas escriben libros, escriben blogs, pintan retratos, dibujan caricaturas e incluso crean programas de aplicación. En todos estos aspectos diferentes, debe asegurarse de que exista una persona respetada a la que pueda admirar. Debe aprender de esa persona y esto puede hacerlo mediante el análisis de sus técnicas, habilidades, trabajos, historias e incluso sus éxitos y fracasos.

Además, debe tomarse el tiempo de leer los trabajos de la persona elegida, escuchar sus entrevistas y, a veces, incluso escribirles un correo electrónico solicitando algunos consejos, sugerencias, etc. Esto le permitirá trazar un camino hacia el éxito que luego podrá utilizar para su beneficio.

Una de las cosas más importantes que debe tener en cuenta es que no debe usarlo para compararse con sus modelos a seguir preferidos. Por ejemplo, si no logra el éxito después de una semana, como uno de sus modelos a seguir o no encuentra el amor después de tres meses como su otro modelo a seguir, no significa que haya fallado. Sin embargo, puede aprender de personas exitosas como sus héroes.

Estos héroes y modelos a seguir tienen principios y enseñanzas, y generalmente todas las personas exitosas tienen un modelo a seguir que admiran, por lo que tener uno es un signo de fortaleza y nunca de debilidad.

3. Hay vida y oportunidad después del fracaso

Para muchas personas, un incidente importante, especialmente el fracaso, les impide actuar con cordura, autocontrol, justicia, humildad, honestidad y dentro de lo razonable. Como tales, no pueden cumplir sus propósitos, deseos, ambiciones, etc. Este es un camino equivocado y definitivamente desastroso. Es crucial tener en cuenta que cada vez que algo amenaza con causarle dolor, la situación en sí no es el problema; puede evitar el dolor y aún prevalecer organizando su proceso de pensamiento.

Como ejemplo, puede pasar gran parte de su tiempo, recursos y esfuerzo trabajando en un proyecto durante todo un año solo para que otros lo critiquen, ridiculicen su trabajo e incluso lo ignoren por completo. Esto puede suceder, y otros no necesariamente apreciarán su trabajo.

El fracaso puede parecer exactamente así. Sin embargo, recuperarse de un incidente trágico como este es importante, necesario y crucial. Debe tener la mentalidad correcta, así como practicarla siempre que ocurra, para dominar las habilidades. Si aprende alguna lección de ello, debería ser que ahora podrá trabajar mejor. Básicamente, no experimentará crecimiento sin alguna medida de fracaso.

4. Leer extensamente y con un propósito, después aplicar el conocimiento

Si bien leer libros es vital, solo leer no agrega valor a su vida. Lo que es aún más imperativo es poder aplicar el conocimiento obtenido al leer los libros. La mente necesita entrenamiento, y los libros constituyen los accesorios de entrenamiento y los pesos necesarios. Los libros por sí solos no agregan mucho valor a nuestras vidas; lo que importa es el conocimiento, las habilidades y la sabiduría que obtenemos de ellos y cómo aplicamos esas cosas a nuestras vidas.

Una persona puede leer excelentes libros sobre negocios, marketing, administración, etc. Aprenderán mucho a través del estudio y se volverán extremadamente conscientes. Cuando lee ampliamente y estudia a fondo, entonces prepara su mente para hacer cosas aún mejores. Evitará cometer errores sin sentido. Incluso entonces, cualquier fallo debe considerarse una ventaja porque es el preludio de un mayor éxito.

Obtenemos una educación para adquirir conocimiento e internalizarlo. Sin embargo, lo más importante es garantizar que la educación que obtenemos nos permita tomar decisiones más sabias y también hacer que actuemos de manera adecuada. Muchas personas también leen libros de autoayuda, lo que los hace sentir felices en el momento. Sin embargo, aún necesitará tranquilizarse y mantener sus principios incluso cuando se enfrente a un cliente grosero, un troll o una persona molesta gritando.

5. Asegurarse de ser totalmente honesto consigo mismo

Si necesita salvarse a sí mismo, entonces lo que debe hacer es estar siempre consciente de las fallas y errores que comete. Básicamente, cualquiera que cometa un acto malvado o se involucre en un delito, pero no lo sepa, no verá la necesidad de hacer las cosas correctamente. Si va a reformar sus hábitos, debe ser consciente de las fallas que comete.

Algunas personas están orgullosas de sus actos incorrectos y nocivos; este no es el camino a seguir. El mejor enfoque es sentirse culpable por sus acciones incorrectas y demostrar esta culpa. Además, debe seguir adelante y realizar algunas consultas sobre los hechos o acciones que cometió como evidencia en su contra. Dado que se está dirigiendo a un nivel más alto, deberá ser muy estricto.

Analice la evidencia y examínela de cerca, luego conviértase en el fiscal más duro contra usted mismo. Tendrá que ser el fiscal y el juez, luego eventualmente pedir clemencia y buscar mitigación. Es aconsejable ser estricto y duro en ocasiones si surge la necesidad.

Como afirman los expertos, cambiar los malos hábitos puede ser bastante difícil porque la mayoría de las personas desconocen los malos hábitos en primer lugar. Supongamos que se evita el trabajo y elige quedarse en casa y mirar televisión. Este es un comportamiento incorrecto que debería ser cortado de raíz lo antes posible. Como persona que busca superarse y obtener lo mejor de sí mismo, debe ser consciente de sus acciones y del impacto que estos hábitos o acciones tienen en los demás. Si tiene un mal hábito, analícelo. Trate de ser estricto y descubra exactamente qué está causando el mal comportamiento. Si existe una causa raíz, entonces debería abordarse. Se trata de entrenar su mente para que piense de la manera correcta.

Capítulo 5: Domine el Arte de la Tranquilidad con Técnicas Estoicas

La tranquilidad es otro principio extremadamente reconocido del que los estoicos hablaron en gran profundidad. La gente siempre busca paz y tranquilidad. La tranquilidad se considera lo mejor, y es de acuerdo con las palabras que Séneca le compartió a su amigo Serenus.

La paz mental también se conoce como tranquilidad. Hay muchas personas en todo el mundo que pueden tener éxito de diversas maneras pero que no tienen tranquilidad. Esto tiende a suceder por varias razones. Hay quienes son desafiados por sus metas porque son inconsistentes en sus metas. Siguen cambiando de opinión y luego se arrepienten casi de inmediato.

Algunas personas pueden parecer volubles, pero sufren debido a su monotonía. Tienden a vivir sus vidas basadas en la inercia, de la misma manera que comenzaron, en lugar de vivir de la manera que les plazca. Muchas otras personas piensan que viajar lejos proporciona la solución para garantizar una vida libre de aburrimiento y monotonía. Sin embargo, incluso cuando viajan, pueden llevar sus problemas con ellos. Como tal, viajar no otorga paz y tranquilidad.

Como afirman los estoicos, todos los individuos intentan huir de sí mismos. Sin embargo, como descubrieron, nuestros problemas no están establecidos donde habitamos sino dentro de nosotros mismos. Esto, por lo tanto, significa que no podemos escapar de nosotros mismos, sino que debemos tratar nuestros problemas para llevar una vida pacífica y tranquila. Como tal, necesitamos hacer una pausa y examinar nuestras vidas, luego encontrar una solución a por qué no estamos en paz.

Una de las mejores formas de lograr la tranquilidad es enfocarse en sus acciones ejecutando los deberes de un ciudadano y participando en la gestión de los asuntos de una nación. De acuerdo con Seneca, estar al servicio de los demás y de la nación no solo le mantiene ocupado, sino que también le asegura que se conviertes en un miembro útil de la sociedad.

También vale la pena hacer el bien a la sociedad y centrarse en leer y comprender la filosofía. Esta es la razón por la cual Séneca y otros estoicos hicieron esto la mayor parte del tiempo. Se ocuparon de sus asuntos personales y comerciales, participaron en los asuntos de la nación y también estudiaron filosofía. La filosofía no es simplemente un campo de estudio estrecho; abre la mente y lleva a una persona a una vida mucho más libre, abierta y tranquila. Las personas que llevan tales estilos de vida disfrutan de mucha satisfacción y, por lo tanto, de la paz mental y la tranquilidad que disfrutan.

Existen otras personas que no disfrutan de la vida, pero viven hasta una edad avanzada. Es posible que esas personas mayores no tengan mucho que mostrar para sus vidas, pero solo serán mayores sin poder demostrar la calidad de vida que vivieron. La jubilación en la vida es necesaria, pero debe hacerse a un ritmo lento para que las personas también puedan seguir siendo útiles para la sociedad al proporcionar servicios esenciales. Además, las personas necesitan seguir practicando la virtud sin importar qué, porque la virtud es un requisito previo para la tranquilidad. Incluso en un régimen opresivo, es posible que una persona lleve una vida digna y noble haciendo el bien a los demás, participando en los asuntos del estado y siendo un miembro decente de la sociedad. Esto muestra que la tranquilidad es posible independientemente de los tiempos en que vive.

En ocasiones las personas piensan que pueden proporcionar más de lo que pueden o lograr más de lo que pueden. Sin embargo, la sabiduría dicta que todos tenemos limitaciones y que algunas de las cosas que perseguimos simplemente no valen la pena. La vida es corta y nuestro tiempo en esta tierra es limitado, por lo que es recomendable centrarse solo en asuntos que son importantes para nosotros y cruciales para nuestro bienestar. Necesitamos aplicarnos a los asuntos y cuestiones que podemos completar en un tiempo y ritmo razonable.

Como persona, debe tener cuidado con las personas con las que se asocia. Esto significa interactuar con personas que agregan valor a su vida y no con quienes le quitan valor. Además, debemos asegurarnos de dedicar nuestro tiempo y esfuerzo a aquellos que merecen nuestro tiempo y energía. Necesitamos participar en actividades que nos brinden alegría y satisfacción tanto como sea posible. Trabajar en cosas o proyectos que no disfruta agrega poco valor y es visto como una lucha contra la naturaleza.

Las propiedades y las posesiones a veces resultan ser las cosas que nos causan más dolor. Tal como es, tanto los ricos como los necesitados manejan estos asuntos de la misma manera. Todos sufren de la misma manera. Incluso los hombres con cabello y aquellos sin él sufren por la riqueza y las posesiones. Sin embargo, una opinión es que está correcto ser rico y poseer propiedades, pero no debemos apegarnos a nuestra propiedad. Algunos estoicos, como Diógenes, no poseían ninguna propiedad solo para evitar el conflicto que conlleva. Otros, como Séneca, eran ricos y poseían propiedades.

En la última parte de su vida, Seneca nos aconsejó deshacernos de la mayoría de las propiedades que poseemos para que no nos apeguemos demasiado a ellas. Fundamentalmente, las personas que mantienen solo una propiedad mínima serán más felices, especialmente si no se apegan demasiado a sus posesiones.

También debemos ser capaces de adaptarnos adecuadamente a las nuevas situaciones. En la vida, nuestras situaciones cambian en ocasiones. Por ejemplo, podemos perder todo lo que tenemos, y podemos perder a un amigo o ser querido y así sucesivamente. Esto sucede todo el tiempo; sin embargo, deberíamos enseñarnos a nosotros mismos o aprender cómo movernos de esos acontecimientos para conservar una vida de buena calidad.

Estoicismo y Tranquilidad

De acuerdo los estoicos, todos somos seres mortales, y un día todos haremos la transición a la próxima vida. Además, la vida nunca es fácil, y todos experimentamos diferentes desafíos. Puede parecer lamentable, pero todas las personas que conoce algún día fallecerán. Estos son los hechos de la vida. El aspecto importante es determinar cómo pasará su tiempo y cómo vivirá su vida. También pasamos por algunas experiencias dolorosas y la vida está llena de dificultades. Es probable que algunas personas pasen por períodos dolorosos en sus vidas que incluyen dificultad prolongada y dolor extremo.

La realidad es que podríamos perder a nuestros seres queridos o nuestras vidas en cualquier momento. Los accidentes ocurren y los incidentes suceden. Esto podría cambiar nuestras vidas drásticamente. Además, podríamos dedicar tiempo, esfuerzo y años de arduo trabajo a construir algo solo para que lo arrebaten o lo destruyan. Sin embargo, para llevar vidas pacíficas y tranquilas, no debemos esperar que estas cosas no sucedan. En cambio, deberíamos centrarnos en vivir una buena calidad de vida en un mundo donde la muerte y las dificultades son una realidad.

Las personas a menudo se preguntan si es posible llevar una vida feliz y tranquila. Observará a muchas personas simplemente bajar la cabeza y afrontarlo. Soportan las dificultades y simplemente aceptan lo que se les presente. Tendemos a vivir como si la muerte y las dificultades no existieran porque nos preferimos ignorarlas. Sin embargo, esta no es la mejor manera de vivir, ya que nos vemos obligados a enfrentar dificultades y desafíos de la vida sin preparación. Es necesario un enfoque diferente.

La práctica del estoicismo antiguo puede ayudarnos a llevar una vida feliz y tranquila. No es una buena idea vivir la vida como si las dificultades, los desafíos y la muerte no ocurrieran. El estoicismo proporciona las lecciones y herramientas necesarias para una vida pacífica, incluso en un mundo repleto de muerte y dificultades.

Lecciones del estoicismo

Existen lecciones cruciales que todos podemos aprender de los primeros estoicos. Estas lecciones son importantes para ayudarnos a vivir una vida pacífica, plena y tranquila. El estoicismo nos ofrece una forma de tener una perspectiva clara de la vida. Esta perspectiva es propicia para la felicidad y la paz interior.

La filosofía estoica se centra en numerosos aspectos de la vida. Uno de estos es un principio que nos permite tener una comprensión del control. El estoicismo también se enfoca en permitirnos tener una perspectiva diferente y adecuada de nuestras vidas. El estoicismo también nos enseña sobre las herramientas que necesitamos para manejar la tristeza y el sufrimiento si la vida nos da un duro golpe.

Noción de control de los estoicos

En la vida, existen cosas que podemos controlar y otras que no. Todos sabemos de numerosos aspectos en nuestras vidas sobre los que no tenemos control. Por ejemplo, estaciona su automóvil, posteriormente se retira solo para encontrar que alguien que lo golpeó y causó daños. O tal vez es víctima de una enfermedad inesperada que lo devasta. Estos eventos suceden en la vida y a menudo están fuera de nuestro control.

De acuerdo los estoicos, la mayoría de las cosas que suceden en su vida generalmente están fuera de su control. Esto significa que no tiene control sobre la mayoría de las cosas que le suceden. Sin embargo, existen casos en los que tiene control sobre su vida. Por ejemplo, usted tiene control sobre su cuerpo y el tipo de comida que ingiere. Comer sano y cuidar su cuerpo asegurará que viva una vida sana, en gran parte libre de enfermedades y, por lo tanto, vivirá durante muchos años.

Comer saludablemente de manera regular, hacer ejercicio y dormir temprano son algunas de las cosas sobre las que tenemos control y que pueden mejorar la calidad de nuestras vidas. Sin embargo, el destino determina algunas cosas, como quiénes son nuestros padres, nuestros géneros, países donde nacemos, etc.

De acuerdo con Epicteto, algunos de nosotros naceremos con un talento excepcional, mientras que otros nacerán con discapacidades y no lograrán prácticamente nada en la vida. El resto de nosotros llevaremos vidas promedio y mundanas con poco o ningún logro que demostrar. Esto es generalmente lo que ocurre en todo el mundo y es un hecho que debería ser aceptable.

El destino también hace que algunos de nosotros nazcamos en familias ricas y exitosas, mientras que otros nacen con una gran genética, talentos, etc. Pero según los estoicos, existen ciertas cosas que podemos controlar, y si hacemos un buen trabajo, saldremos victoriosos y exitosos en la vida.

Existen eventos en la vida que podemos controlar. Por ejemplo, podemos asistir a entrevistas y trabajar duro para tener éxito, y también podemos comer sanamente y hacer ejercicio a diario para evitar enfermedades. Esto significa que, para tener tranquilidad, debemos dar lo mejor de nosotros en todo lo que hacemos o decimos. Es como estudiantes sentados un examen. Dichos estudiantes no deben preocuparse ni afligirse por el resultado del examen. Todo lo que necesitan hacer es asegurarse de que trabajan duro y se desempeñan lo mejor que pueden. De esta manera, no tendrán que preocuparse incluso si no aprueban el examen.

La tranquilidad radica en el hecho de que una persona ha hecho lo mejor posible en todo. Cuando invierte en el tiempo, el esfuerzo y los recursos, eso es todo lo que se requiere de usted. El resto está más allá de usted. No es aconsejable hacer hincapié en cosas que están fuera de su control y no lo ayudarán. En cambio, tenga valor sabiendo que hizo todo lo que pudo hacer y el resto está más allá de su control.

Tome el ejemplo del sol que brilla en el cielo. Nunca se preocupará de que no ascienda. De hecho, estresarse por esas cosas solo le estresará. Por lo tanto, aprenda a hacer lo mejor posible y trabaje duro, entonces el resto probablemente se colocará en su lugar. E incluso si no es así, habrá hecho lo mejor que pueda y eso es lo más importante.

Capítulo 6: Principios Estoicos para Eliminar Bloqueos Creativos

¿Qué significa el término creatividad? Sabemos que se encuentra entre las características humanas más fundamentales. Otros son nuestros instintos sociales y nuestra capacidad de razonamiento. La creatividad se puede definir como el proceso de traer a la vida un concepto, idea, imagen o cualquier otra cosa que no existía anteriormente. Esta es una actividad humana que se puede emplear en cualquier momento. Podría ser tan simple como enviar un correo electrónico, preparar una comida, escribir una canción o incluso hacer las paces.

Estoicismo y creatividad

El estoicismo está relacionado con la creatividad. Al unirlos, combina el proceso creativo con la forma de vida adecuada. Los principios del estoicismo nos impulsan a tener mucho más propósito en todo lo que hacemos y aplicarlo lo mejor que podamos en nuestras habilidades. Si sigue estos principios, se convertirá en un creador experto con un propósito mayor. También abordará la vida con mucho más significado, propósito y aprecio.

Marco Aurelio fue uno de los estoicos líderes que introdujo la mayoría de los principios estoicos y la filosofía del estoicismo. En una de sus enseñanzas, nos enseña a entregarnos plenamente a las artes y oficios que hemos aprendido y a no ser un villano o esclavo para ser felices. Como seres humanos y personas creativos, tenemos que brindar servicio a nuestros semejantes, especialmente en los roles que desempeñamos en este mundo. Si usted es creativo, entonces debes comprometerse lo mejor posible para dar y producir lo mejor.

Como individuos, podemos sostener y cultivar una vida que generalmente fluye tranquilamente. Cuando se trata de ello, un estoico es simplemente cualquier persona que transforma los errores en iniciación, miedo y dolor en razón, y la ambición personal en acción. Un estoico, por lo tanto, es cualquier persona que busca el lado positivo de la vida sin el lado negativo.

Trabajos creativos

Existen todo tipo de trabajos creativos. Pueden ser negocios, pinturas, libros y mucho más. También tienen algo en común: el éxito de cualquier trabajo creativo consiste en afirmar algo, encontrar una forma adecuada de comunicarlo y una audiencia receptiva. La creatividad se trata de crear algo nuevo con la esperanza de que a otros les guste para que puedas seguir haciéndolo. Ser creativo puede ser un asunto intimidante y solitario que está repleto de dudas y miedo. El estoicismo puede ayudar a los creativos a superar estos desafíos.

- Invertir su tiempo con el tipo correcto de personas

Nos convertimos en el promedio de las cinco personas con las que pasamos más tiempo. Como tal, es importante que los escritores, cantantes, actores y otras personas creativas pasen más tiempo con las personas que los inspiran y educan. Si se reúne con gente que le inspira a ser mejor, definitivamente se convertirá en una mejor persona y un artista más exitoso.

Existen muchos ejemplos de cómo funciona esta teoría. Tomemos a Johann Wolfgang van Goethe, por ejemplo. Su máxima afirma que él puede saber quién es usted en base a las personas con las que más se reúne. Además, un hombre llamado Austin Kleon, que era artista y poeta, afirmó que la mayoría de las personas en la historia que vemos como genios en realidad eran parte de un grupo más grande de individuos que se apoyaban, inspiraban y alentaban mutuamente. En resumen, un genio no es necesariamente un individuo sino un ecosistema.

Por lo tanto, sea cuidadoso con el tipo de personas que deja entrar en su vida. Esto se debe a que estas personas tendrán un gran impacto en ella y en su productividad. Asegúrese de que las personas que llegan a su vida lo impulsen hacia adelante, lo alienten, lo motiven y ocasionalmente lo hagan responsable.

- *Siempre esté preparado para levantarse*

Probablemente hay muchas ocasiones en las que le cuesta despertarse por la mañana. A veces no tiene ganas de despertarse a tiempo y prefiere pasar un par de minutos, o incluso horas, dormitando. Sin embargo, usted es creativo y su trabajo influye en muchas personas. Debe tener en cuenta el hecho de que se levanta temprano por la mañana para producir contenido útil que el mundo necesita desesperadamente. Recuerda que está en este mundo para cumplir un propósito y completar su misión. Dormitar o dormir puede ser extremadamente agradable. Derivamos placer cuando extendemos nuestros tiempos de sueño por un par de minutos. Sin embargo, no fuimos creados por placer sino para servir a la humanidad y lograr un propósito.

Piense en los lunes y en cómo la gente no los soporta. Nos resulta difícil despertarnos temprano el lunes por la mañana para ir a trabajar o cumplir con otras responsabilidades. Sin embargo, esto no es realmente inusual porque hace más de 2.000 años el emperador de Roma estaba luchando con el mismo problema. El desafío de levantarse temprano comienza cuando asistimos por primera vez a la escuela a una edad temprana. Esto continúa en la edad adulta hasta la jubilación.

Siempre es agradable tomar un par de minutos más y posponer. Sin embargo, como persona creativa, debe evitarlo tanto como sea posible. Tiene que realizar una tarea crucial: crear obras de arte que el resto del mundo aprecie. Para ser realmente creativo y exitoso, debe levantarse temprano y comprometer su mente creativa. Por lo tanto, tan pronto como sea hora de despertarse, asegúrese de levantarse, levantarse de la cama, bañarse y tomar una taza de café por la mañana.

- Sus intenciones siempre deben ser claras

Como persona creativa, no debe ser ambiguo. Todos sus esfuerzos y trabajo duro deben estar dirigidos a lograr un objetivo definido. Tener un objetivo no significa necesariamente que lo logrará. Sin embargo, cuando no tiene un objetivo en mente, definitivamente no lo logrará.

Los estoicos nos aconsejan nunca tener concepciones falsas o inalcanzables. Estas suelen ser la principal causa de depresión, preocupación y estrés. También son responsables de vidas disfuncionales y caóticas. Sus esfuerzos deben dirigirse hacia un propósito y causa definitivos; de lo contrario, simplemente estará operando día tras día sin ninguna dirección. No será posible tener un propósito, saber cuándo detenerse, etc.

La lección aquí es que debe definir exactamente cuál es su propósito y en qué consiste. Permita que sus intenciones se destaquen y sean claras para todos.

- Evaluarse a uno mismo con precisión

De acuerdo con Séneca, todos necesitamos evaluarnos periódicamente y obtener una estimación verdadera, precisa y razonable de nosotros mismos. Esto se debe a que a menudo tendemos a suponer que podemos hacer mucho más de lo que realmente podemos hacer.

Mucha gente rechaza la idea de la autoevaluación porque lo más probable es que revele su verdadero valor, que es algo que no están dispuestos a aceptar. Sin embargo, aunque no estemos dispuestos a recibir noticias sobre nuestra evaluación, es crucial que la evaluación se realice. No debe tener miedo a la autoevaluación simplemente porque no le agrade el resultado. Es mucho más perjudicial para usted cuando no se evalúa a sí mismo y sobrevalora sus capacidades. Muchas veces las personas subestiman sus capacidades, pero en pocas ocasiones sobreestiman las de los demás.

Como persona creativa, debe desarrollar la cultura de la autoevaluación y hacerlo de manera precisa pero honesta. Examínese, comprenda su capacidad y habilidades, y también discierna lo que es capaz de lograr y lo que no puede alcanzar.

- *Fomentar y mantener sus buenos hábitos*

Epicteto afirmó que todos los hábitos y capacidades crecen en función de una acción correspondiente. Por ejemplo, puede ser un mejor corredor si practica correr y lo convierte en un hábito. Del mismo modo, cultivará un buen atributo convirtiéndolo un hábito.

La mente opera de la misma manera. Según Aristóteles, nos convertimos en lo que hacemos repetidamente. Para que sobresalgamos, por lo tanto, simplemente necesitamos cultivar un hábito. Marco Aurelio agregó afirmando que nuestro carácter mental es el resultado de nuestros pensamientos habituales.

Lo primero que debe hacer es examinar sus actividades de la semana pasada, los últimos días y el día actual. Además, examine las actividades que ha planeado para la próxima semana. Piense en la persona que es o aspira a ser. ¿Están sus actividades planificadas en apoyo de esta persona que usted es o desea ser? ¿Qué tipo de persona está resultando ser?

- *Estoicos y creativos son un trabajo en progreso*

De acuerdo con los estoicos, la filosofía nunca es un fin en sí misma. Todos aspiramos a ser mejores, mejorarnos a nosotros mismos y llevar una vida mejor, más exitosa y pacífica. Ningún individuo en el mundo está enfermo, exiliado, muriendo o en peligro y totalmente feliz. Esto significa que aprender los principios del estoicismo no transformará instantáneamente su vida. En cambio, necesitamos transformar nuestras vidas mejorando cada día.

Todas las cosas que aprendemos a través de la filosofía y los principios del estoicismo deben aplicarse a nuestras vidas. Estas son cosas que debemos seguir haciendo no por un tiempo sino toda la vida. Cuando seguimos aplicando los principios importantes, seguimos mejorando. En pocas palabras: no dejamos de ser estoicos, sino que seguimos mejorando cada día.

Capítulo 7: Diferenciar Aspectos que Podemos y No Podemos Controlar

Epicteto fue uno de los primeros y más reconocidos de los estoicos. Sus enseñanzas y sabias palabras forman la piedra angular de los principios del estoicismo. Epicteto nos enseña que la tarea más fundamental en la vida es observar las cosas que son externas y que están fuera de nuestro control y aquellas sobre las que realmente tenemos control. Como tal, se vuelve fácil buscar el bien y el mal, ya que estos están bajo nuestro control y las elecciones que hacemos.

El principio más crucial de la filosofía estoica es aprender a diferenciar entre las cosas que están bajo nuestro control y las que no podemos controlar. Hay cosas sobre las que tenemos influencia, y luego están aquellas más allá de ella. Por ejemplo, si está viajando a una ciudad diferente, entonces tiene el control de llegar al aeropuerto a tiempo. Sin embargo, cosas como las turbulencias en el aire, los horarios de salida y llegada están más allá de su control. Por lo tanto, debe concentrarse en realizar las cosas que están bajo su control.

Serenidad

Existe una oración especial conocida como la Oración de la Serenidad. Esta es una oración que suplica al Todopoderoso para ayudar a manejar las cosas que están bajo nuestro control y aceptar las cosas más allá de nuestro control. Esta oración le ayudará mientras intenta llevar una vida que esté libre de preocupaciones innecesarias pero que le brinden tranquilidad:

"Señor, concédeme el coraje para cambiar las cosas que puedo cambiar, la serenidad para aceptar las cosas que no puedo cambiar y la sabiduría para comprender la diferencia".

Esta Oración de la Serenidad fue originalmente escrita por un maestro cristiano establecido en los Estados Unidos, Reinhold Niebuhr, en 1934. En consecuencia, esta oración fue adoptada por grupos como Alcohólicos Anónimos y otros similares. Esta oración ayuda a diferentes personas a aceptar las cosas que no pueden cambiar, pero también les brinda el coraje de hacer las cosas que pueden para cambiar el futuro.

La mayoría de las personas que enfrentan dificultades cuando eran niños u otros desafíos en el pasado no pueden hacer nada al respecto. Sin embargo, pueden tomar medidas en el presente y cambiar el futuro para asegurarse de que sea brillante. Esto se hace y se logra a través del poder del momento presente. Según Epicteto, tienen el poder y la capacidad de hacer cambios en sus vidas en este momento.

Este principio se aplica en muchas otras situaciones. Lo que debemos hacer es centrarnos en estructurar las secciones de nuestros días que están bajo nuestro control y las que no lo están. Disfrutaremos de la felicidad y la tranquilidad si nos enfocamos solo en las cosas bajo nuestro control e ignoramos el resto. Si podemos hacerlo correctamente, estaremos mejor en comparación con las personas que siguen luchando en batallas que no pueden ganar o desafíos que no pueden superar.

El miedo es generalmente una emoción que puede detenerle. Sin embargo, si se percata de que es solo una emoción como cualquier otra, entonces estará dispuesto a asumir más riesgos y considerar todos los riesgos financieros, personales y profesionales disponibles para usted.

Enfoque

Siempre intente y asegúrese de que sus objetivos sean internos. Si espera una promoción en el trabajo y tiene que presentar una solicitud, el mejor plan de acción es actualizar su currículum e incluir toda la información relevante. Incluya las experiencias y habilidades reunidas y las fortalezas que considera que respaldarán su aplicación.

Como estudiante estoico, una vez que envíe su solicitud creyendo que ha hecho su mejor esfuerzo, entonces no habrá necesidad de preocuparse. Todo lo que se puede esperar de usted es hacer lo mejor que pueda y luego esperar un resultado positivo. No hay necesidad de preocuparse innecesariamente. Además, no hay espacio para la aceptación pasiva de las cosas que le suceden. Todo lo que necesita hacer es aceptar completamente las cosas que no puede cambiar y sobre las que no tiene poder. Luego, enfóquese y haga su mejor esfuerzo donde tenga el poder y la influencia para hacer un cambio.

El estoicismo no se limita solo a inconvenientes menores en la vida. Algunas personas han pasado por experiencias traumáticas y que alteran la vida, pero han sobrevivido y salido victoriosas aplicando los principios estoicos. Es similar a jugar un partido de tenis. Cuando juega al tenis, busca ganar. La persona que ganará el partido es desconocida y está fuera de su control. Sin embargo, existen algunos factores que puede controlar, como la forma en que juega. Solo puede comprometerse a jugar el mejor tenis posible. Eso está dentro de usted, y el resto está más allá de usted.

Otros factores que están más allá de usted incluyen a la persona que quiere que lo ame, el clima, etc. De hecho, según los estoicos, existen muy pocos aspectos que estén bajo nuestro control, por lo que, si podemos discernirlo, estaremos más felices y en paz. Si es políticamente activo, no necesariamente puede determinar qué partido ganará las elecciones. Sin embargo, puede ser activo y convertirse en un activista político. De esta manera, posiblemente influirá en la política y quizás incluso persuada a otros a votar por su partido y sus candidatos preferidos. En esencia, debe hacer lo que esté bajo su control lo mejor que pueda. El resto lo dejará al destino o a Dios.

Capítulo 8: Cómo Controlar las Emociones y Minimizar la Preocupación del Estoicismo

Un estoico está caminando y se encuentra con un grupo de niños. Los niños lo miran, lo insultan, lo llaman con todo tipo de apodos y luego se ríen de él. El estoico les desea un buen día y se va. Esta breve anécdota resume de qué se trata el estoicismo.

La vida no es fácil, y los primeros estoicos sabían esto a ciencia cierta. Suceden muchas cosas malas y tienden a afectar negativamente a muchas personas. Sin embargo, los estoicos les enseñaron a las personas a ser felices y alegres, especialmente si la infelicidad era resultado de cosas que estaban fuera de su control.

Sin embargo, los estoicos también nos aconsejaron que entendiéramos nuestras capacidades y posibilidades y que no sobreestimáramos nuestro valor. Si obtenemos el verdadero valor de nosotros mismos, entonces no sobreestimaremos nuestro valor, y esto nos ayudará a tomar las decisiones correctas en la vida. Se sentirá decepcionado con la vida y no alcanzará la paz mental o la felicidad si sobreestima su valor porque la vida probablemente lo decepcionará.

Como es probable que sucedan cosas malas en esta vida, debe aprender a aceptarlas. De esta manera, no se sentirá demasiado decepcionado cuando ocurran, ya que a menudo están fuera de su control. En cambio, aprenda a enfocarse en cosas que puede controlar. Hay algunas cosas que están bajo su control, por lo que debe centrarse en ellas. Si puede manejar las cosas a su alcance y hacer lo mejor que pueda, entonces eso es todo lo que el universo requerirá de usted.

Expectativas imposibles

Los estoicos declararon que nuestras emociones, especialmente las negativas, son el resultado de nuestras expectativas demasiado elevadas sobre la vida. La gente a menudo espera mucho de la vida. Piensan que se supone que la vida es grandiosa, exitosa y repleta de gente agradable y cosas buenas. A menudo, la vida es bastante difícil y desafiante. Las personas experimentan muchos problemas y dificultades por lo que sus expectativas terminan en decepciones.

Los estoicos declararon que el mejor estado mental es donde inculcamos la virtud y también usamos nuestras mentes para razonar y aplicar el razonamiento en nuestras vidas de la mejor manera posible. Básicamente, no debemos permitir que nuestras emociones nos guíen, pero siempre debemos ser racionales en nuestro pensamiento.

Permitir que las emociones tomen el asiento trasero

No es incorrecto permitir que nuestras emociones nos superen. A veces permitimos que las emociones tomen el asiento del conductor para que guíen nuestras acciones y razonamientos. Por ejemplo, necesitamos eliminar la codicia de nuestras vidas y comer mejor para nutrirnos y menos por otras razones, como la salud. No debemos comer para llenar un vacío o espacio causado por nuestras emociones. Además, no es aconsejable poseer demasiadas propiedades y otras posesiones mundanas. Estos terminan ocupando su mente, y comienza a adorarlos y a perder el enfoque. Ser propietario de bienes también genera preocupación y esta preocupación lo distraerá de cosas más importantes. Según los primeros estoicos, no existe posesión material necesaria para una vida feliz y exitosa.

Los estoicos tenían ciertas herramientas necesarias para vivir una vida feliz. Una de ellas es la visualización negativa. Según su filosofía, este es un gran enfoque si desea deshacerse de las emociones que le preocupan y le inquietan. Por lo tanto, no debemos centrarnos en las posesiones materiales, y no debemos preocuparnos por cosas que escapan a nuestro control. Además, según los estoicos, debemos imaginar o visualizar el desastre en caso de que nuestras posesiones se pierdan. Esto se debe a que podemos esperar perder cosas apreciadas para nosotros tarde o temprano. Al visualizar estas cosas, podemos esperar no sentirnos tan mal cuando eventualmente sucedan.

Cómo minimizar la preocupación y controlar sus emociones

Entonces, ¿cómo minimiza la preocupación y controla sus emociones? Como se mencionó en la Introducción, existen ciertas prácticas y procedimientos. El más destacado de estos son ciertos ejercicios espirituales que están inspirados en escritos antiguos. Diferentes personas abordan el estoicismo de manera diferente, pero los principios básicos son los mismos en todos los ámbitos. A continuación, algunas prácticas estoicas comunes.

La primera actividad del día debe ser la meditación. Debe encontrar un lugar agradable y tranquilo donde pueda pasar unos momentos meditando. El lugar que elija no debe estar demasiado iluminado. No tiene que estar al aire libre, sino en un lugar cómodo y tranquilo incluso en su hogar.

Mientras medita, tómese el tiempo para concentrarse en su día por delante y piense en las virtudes y doctrinas del estoicismo. A veces, los estoicos también se centran en ciertos dichos de los filósofos antiguos como Sócrates. Lea uno o dos y piense en ello, luego trate de vivir de acuerdo con el dicho.

Primero piense en usted y luego extienda los pensamientos a su familia, amigos y círculo cercano. También piense en los habitantes de su ciudad, sus vecinos y las personas donde trabaja y vive.

Finalmente extienda este círculo y piense en las personas de este mundo, la naturaleza y eventualmente en todo el universo.

Además, obsérvese como antes, pero esta vez desde una vista aérea. Expanda este círculo y también piense en su país, el cielo, los cúmulos de galaxias y el universo entero.

Ira y emociones

Todos hemos experimentado ira y emociones en algún momento de nuestras vidas. Ahora es evidente para nosotros que cuando estamos enojados, ansiosos, tristes o emocionales, nunca tomamos decisiones inteligentes o elecciones sabias. Incluso cuando estamos enamorados o de luto, básicamente somos improductivos sin hacer ningún trabajo útil. Para mantener la calma, necesitamos estabilidad emocional.

Sus pensamientos a menudo emanan de usted. Como tal, usted es producto de sus pensamientos. De acuerdo con los estoicos de la antigüedad, todos somos productos de nuestras decisiones razonadas. Esto se debe a que nuestros pensamientos son lo único que controlamos total y totalmente. Como tal, puede que no seamos nuestros pensamientos, pero el resultado de estos pensamientos o del producto definitivamente somos nosotros.

El mismo caso se aplica al cerebro. En realidad, no somos nuestro cerebro, pero somos el maestro o CEO del cerebro. Esto se debe a que no controlamos necesariamente todo lo que sucede allí, pero podemos determinar en qué actividades enfocaremos nuestras energías. Por lo tanto, si algo le preocupa o molesta, simplemente pregúntese si estos pensamientos valen su tiempo o energía.

Si tiene motivos para preocuparse por el pensamiento persistente, entonces, por supuesto, haga algo al respecto. Sin embargo, si todo parece ser correcto y el pensamiento no garantiza su tiempo y energía, descarte los pensamientos sin gastar tiempo o esfuerzo valioso.

La ira emana del sentimiento de derecho

Cuando nos enojamos, a menudo es porque sentimos que tenemos derecho a algo. A menudo, la realidad no se ajusta a nuestros deseos o anhelos y esto nos desanima. Existen muchas cosas que nos molestan. Podría ser tráfico, un automovilista descuidado, pagos retrasados, etc. Siempre pregúntese si el mundo le debe algo.

Considere el caso de un gran embotellamiento, y necesita urgentemente llegar a algún lado. Desafortunadamente, el tráfico no le permite moverse, por lo que se molesta. Sin embargo, según los estoicos, el tráfico nunca debe ser una fuente de ira u otras emociones. Al menos eso es lo que este mundo le debe. De la misma manera, imagine una situación en la que alguien no cumple su promesa, sino que le falla. Puede sentir que tiene derecho a enojarse y que las personas deben cumplir sus promesas.

Sin embargo, alguien que no cumpla su promesa no debería causarle enojo. Esto se debe a que sabemos que los seres humanos son débiles y, a menudo, no cumplimos las promesas. Como tal, no necesitamos tener altas expectativas incluso cuando nos hacen promesas. Por lo tanto, no se moleste porque alguien no cumplió su promesa. Puede pedirles cuentas y llamarlos, pero nunca caer en la trampa de la ira.

No necesita ciertas posesiones para ser feliz

A menudo, las personas creen que necesitan ciertas posesiones para ser felices. Decenas de personas en todo el mundo tienen mucho menos de lo que usted tiene. Muchas de estas personas llevan vidas felices y están satisfechas con lo que tienen. Si todo se tratara de dinero, innumerables personas en todo el mundo que no tienen prácticamente nada estarían extremadamente tristes y abatidas, lo cual no es el caso.

Además, existen muchas personas que tienen una forma de discapacidad u otra. Otros han perdido seres queridos o han sufrido otras tragedias, sin embargo, muchos de ellos son felices y están satisfechos con la vida. Si esas personas pueden ser felices con muy pocas posesiones y algunas desventajas serias, significa que puede vivir con lo que no tiene. Mientras más cosas necesite para ser feliz, más miserable será su vida.

Por lo tanto, la próxima vez que desee algo, pero no lo obtenga, debe hacer la pregunta "¿Es esto necesario?" o "¿Realmente lo necesito" o "¿Puedo prescindir de él?" Supongamos que tiene una carrera en derecho, finanzas o contabilidad. Espera una promoción en el trabajo en el menor tiempo posible. Sin embargo, debe preguntarse si una promoción en este momento lo hará feliz. En la mayoría de los casos, encontrará que puede llevar una vida bastante feliz sin una promoción. Como tal, no es un ingrediente necesario para su felicidad. Con esta perspectiva, debería poder evitar sentirse triste, enojado, abatido y preocupado. Todo lo que necesita para ser feliz está dentro de usted. Todo lo demás no es necesario, y puede sobrevivir sin ello.

Capítulo 9: Estoicismo y Terapia Cognitiva Conductual

Algunas personas desafortunadas sufren de ansiedad y ataques de pánico. La mayoría de las víctimas de esta afección a menudo buscan tratamiento y terapia de expertos en salud mental. Muchos de estos pacientes afirman que nunca olvidarán el primer ataque de pánico. El corazón late muy rápido mientras su rostro se torna pálido. Recorridos de adrenalina en todo el cuerpo.

Filosofía y terapia cognitiva conductual

De acuerdo con Sócrates, la filosofía es también una especie de terapia de conversación. La filosofía del estoicismo constituye una forma de terapia y un tipo de medicina para nuestras mentes. Como tal, la filosofía, y especialmente el estoicismo, es vista como una forma de psicoterapia.

El estoicismo enfatiza el uso de la filosofía como una forma de terapia mental. De hecho, según Epicteto, es mejor que el alma reciba terapia en lugar del cuerpo. Esto se debe a que es preferible morir en lugar de vivir una vida de baja calidad. Por lo tanto, es sorprendente escuchar a testigos que han usado la filosofía del estoicismo como una forma de terapia para curar su ansiedad y ataques de pánico.

Esto es lo que le ocurrió al autor Jules Evans. Solía sufrir episodios graves de ansiedad y ataques de pánico durante muchos años. Entonces, un día se encontró con la filosofía del estoicismo y lo que afirma sobre la paz interior, la felicidad y todos sus otros principios. Él recuperó su salud, tranquilidad y vida normal después de aplicar los principios del estoicismo.

Volver a la salud y la felicidad

Si bien muchos terapeutas usan medicamentos y otras formas de tratamiento, es solo después de que algunos pacientes hicieron uso de la filosofía del estoicismo que se curaron por completo. El estoicismo en realidad forma la base de la terapia cognitiva conductual actual.

La teoría de la TCC hizo su primera aparición en la ciudad de Atenas en 350 a. C. En aquel entonces, los estoicos solían enseñar a sus seguidores en los mercados. Sus enseñanzas eran filosóficas, pero también muy prácticas. El estoicismo nos enseña a controlar y comprender nuestras emociones. No necesitamos sofocar nuestros sentimientos, sino que debemos aprender a tener el control nuevamente. Si tenemos el control de nuestras emociones, podremos manejar las emociones negativas y superar sus efectos sobre nosotros.

Las emociones negativas suceden y tienden a hacernos sentir impotentes. Resultan en condiciones como ansiedad, depresión y ataques de pánico. Afortunadamente, los estoicos son muy conscientes de estas emociones. Básicamente no son el resultado de estímulos externos sino nuestro proceso de pensamiento. Por ejemplo, tenemos ataques de ansiedad y pánico, no por todas las personas en la sala que nos miran, sino por los pensamientos en nuestras mentes. Los desafíos mentales como estos generalmente son el resultado de nuestros numerosos pensamientos. Son nuestras creencias las que nos dan nuestros problemas mentales. Además, es crucial que comprendamos que la fuente de la preocupación, el estrés, la ansiedad y los ataques de pánico son internos y no externos. A veces pensamos que son los pensamientos de otras personas sobre nosotros o sus opiniones lo que nos causa los problemas mentales, pero este no es el caso.

De acuerdo con los estoicos, las emociones negativas en nosotros generalmente son el resultado de algo externo a lo que estamos constantemente o regularmente apegados. Por ejemplo, estamos muy preocupados por la opinión de otras personas sobre nosotros. Esto es crucial, y es importante tomarlo en cuenta. Cuando enfocamos nuestra atención y basamos nuestra felicidad en cosas externas, nunca estaremos satisfechos, felices o seguros.

El mejor enfoque, según los estoicos, es centrarse en lo que está bajo nuestro control. Y sobre lo que tenemos control son nuestros pensamientos y el proceso de pensamiento. Como individuo, al seguir las enseñanzas de los estoicos, eventualmente aprenderá a convertirte en su propio maestro y en convertirse en el maestro de las cosas que puedes controlar. Esto lo salvará del problema y el estrés de ser esclavo de lo que otras personas piensan de usted.

Capítulo 10: Historias Inspiradoras de Seguidores Estoicos Reconocidos

Los estoicos miden el éxito usando varios parámetros. Estos incluyen la virtud, la tranquilidad, el aprendizaje y la aplicación de las lecciones aprendidas, etc. También han aprendido a tomar las decisiones correctas que están en conjunto con la naturaleza y nunca en contra de ella. Mientras este sea el caso, los resultados no molestan realmente a los estoicos. Si terminan como una persona discapacitada, entonces son felices, es el mismo caso si resultan ser extremadamente ricos y exitosos. Su felicidad no se basa en las posesiones, sino más bien en estar en paz y aceptar cosas que no pueden cambiar.

El estoicismo proporciona una solución para vivir una vida excelente, independientemente de una situación dada o incluso la etapa de la vida en la que se encuentre. Las personas deben pensar y considerar qué aspectos son honorables, decentes y verdaderamente importantes para que puedan aplicar lo que es digno y respetable.

El estoicismo está diseñado deliberadamente para agregar valor a la vida, ser accionable y tener sentido. De hecho, nadie necesita aprender nuevas técnicas de meditación o teorías filosóficas. El estoicismo simplemente ofrece formas prácticas, beneficiosas e instantáneas de mejorar el carácter de una persona y encontrar paz y tranquilidad de maneras simples pero prácticas.

A continuación, mostramos algunas historias breves pero inspiradoras sobre personas exitosas que aprendieron la filosofía estoica de la paz mental y la felicidad. Aplicaron los principios relevantes en sus vidas y disfrutaron de un inmenso éxito basado en un estilo de vida estoico:

1. Ryan Holiday

Ryan Holiday es un empresario, vendedor y autor reconocido establecido en los Estados Unidos. También es un firme seguidor del estoicismo y ha escrito ampliamente sobre su experiencia estoica. Su último libro se titula, *El obstáculo es el Camino*. Este libro habla de muchas cosas, pero también habla de su experiencia estoica y de cómo los principios estoicos lo han llevado a convertirse en el exitoso escritor y vendedor que es hoy.

Ryan abandonó la universidad a los diecinueve años y comenzó a trabajar. Había estudiado en la Universidad de California, donde estudió escritura creativa y ciencias políticas. Aprendió y estudió escritura con el famoso autor Robert Greene. Greene escribió el libro, *Las 48 Leyes del Poder*, que es un best-seller de todos los tiempos.

Ryan es autor de numerosos libros, muchos de los cuales también se han convertido en best sellers. Ha escrito para periódicos y revistas reconocidos, incluidos *The Guardian, Forbes, The New York Observer, The Huffington Post y Fast Company*.

Además de escribir libros y publicaciones de renombre, Ryan ha hablado, escrito y dado conferencias sobre estoicismo. Muchas personas aprecian sus puntos de vista sobre el estoicismo y han aceptado la filosofía del estoicismo como parte de sus vidas. *The New York Times* ha señalado específicamente que sus obras han popularizado significativamente el estoicismo.

2. Timothy Ferris

Tim Ferris es un autor estadounidense que estudia el estoicismo. También es un autor de best sellings y con doce libros publicados, todos los cuales han sido aclamados. Su libro *Coming of Age in the Milky Way* fue nominado para tres premios Pulitzer y ganó un premio en el Instituto Americano de Física.

Muchos años después de completar sus estudios en Miami, Ferris se convirtió en escritor y escribió para muchas organizaciones de renombre. En un momento fue editor en *Rolling Stone*. Más tarde trabajó como consultor para la NASA y brindó asesoramiento y orientación a la organización sobre asuntos relacionados con la política de exploración espacial.

Ferris es un hombre exitoso ahora retirado. Su éxito se debió en gran medida a su adhesión a los principios estoicos. Es un conocido seguidor y creyente estoico. Ha ganado numerosos honores en su vida, incluido el miembro de la Asociación Americana para el Avance de la Ciencia. También es miembro de Guggenheim.

Sus otros logros incluyen ser profesor universitario y conferencista. Ha enseñado filosofía en la universidad y otras materias, incluyendo historia, literatura inglesa y periodismo.

3. Contralmirante James Stockdale

James Stockdale era miembro del ejército de los Estados Unidos. Y almirante de la marina de los Estados Unidos. Stockdale fue un militar excepcional que luchó en Vietnam, estuvo allí como prisionero de guerra durante siete años y se le otorgó la Medalla de Honor, que se considera un logro significativo por los servicios prestados a la nación.

Mientras servía en el ejército, Stockdale ganó numerosos premios, incluidas dos medallas de la Estrella de Bronce, la Cruz de Vuelo Distinguida, la Estrella de Plata y la Medalla de Servicio Distinguido de la Armada. Realizó sus estudios militares en la Academia Naval antes de ser enviado a la Guerra de Vietnam. Se retiró del ejército en 1979 y comenzó su carrera de escritor. En el mismo año, se convirtió en presidente del Colegio de Guerra Naval.

Posteriormente se convirtió en un exitoso hombre de negocios y candidato a la vicepresidencia de los Estados Unidos. Sus creencias y principios estoicos lo convirtieron en un exitoso líder militar, hombre de negocios, soldado experto y mucho más. Stockdale afirma que el estoicismo lo ayudó a sobrevivir como prisionero de guerra.

4. Pete Carroll

Pete Carroll es un entrenador de fútbol americano que encabezó a los Seattle Seahawks en la National Football League (NFL). Ha entrenado a otros equipos de la misma liga, incluidos los New England Patriots y los New York Jets. Es uno de los pocos entrenadores de élite de la NFL que ha ganado tanto el campeonato nacional de fútbol universitario como el Super Bowl.

Carroll comenzó su carrera como entrenador en 1973 cuando tenía poco más de veinte años. Comenzó como asistente graduado en Pacific con Chester Caddas. En 1984, se convirtió en el entrenador de los Buffalo Bills y se centró en los defensivos. Pronto ascendió para convertirse en entrenador de tiempo completo. Su éxito como entrenador llegó a través de sus creencias de estoicismo. Inculcó lo mismo en sus jugadores, que también tuvieron mucho éxito.

5. Presidente Theodore Roosevelt

Finalmente, podemos dar un vistazo a la vida del presidente Theodore Roosevelt. También fue muchas otras cosas, incluido un conservacionista, deportista, estadista y escritor. Roosevelt fue el presidente de los Estados Unidos que sirvió entre 1901 y 1909. Antes de eso, se desempeñó como vicepresidente de los Estados Unidos de marzo a septiembre de 1901.

Era un ávido aventurero, escritor y estudiante de estoicismo. Exploró secciones del río Amazonas en América del Sur que muchos nunca habían explorado. También realizó numerosas excursiones a África en Safari. Pasó muchas horas leyendo sobre los estoicos. Y como todos los demás seguidores, aplicó lo que aprendió como estoico a su vida.

Capítulo 11: Guía Completa Estoica para una Salud Perfecta

Los filósofos estoicos griegos antiguos nos han enseñado mucho sobre cómo vivir una vida libre de estrés con tranquilidad. Sus enseñanzas también nos brindan numerosas lecciones sobre la vida, nuestras emociones y pensamientos. Algunos pueden preguntarse si los filósofos pueden enseñarnos sobre la buena salud y qué comer. Sin embargo, solo observando la dieta estadounidense, es posible ver a los mayores influyentes en el último medio siglo o más.

El estoicismo ofrece diversas lecciones sobre la indiferencia a la muerte, las emociones fuertes, la autosuficiencia y la taciturnidad. Cuando se trata de enfermedades y padecimientos, algunos de sus principios están a la vanguardia. A continuación, un resume del estoicismo y la salud.

Estoicismo y Salud

En el siglo I d. C., vivía un hombre llamado Musonius Rufus. Rufus fue un filósofo estoico que vivió durante el reinado del emperador Nerón. Sin embargo, el emperador lo exilió como lo hizo con muchos otros filósofos. Si bien no es tan conocido como otros, Rufus es uno de los primeros filósofos estoicos. Él es mejor conocido por fomentar las enseñanzas de Epicteto.

De acuerdo con Rufus, vivir una vida virtuosa prácticamente equivale a vivir una vida saludable. Él creía que los dos iban de la mano de la misma manera que respetamos a los demás y a nosotros mismos. Sus obras se hicieron tan populares que muchos otros estoicos comenzaron a prestar atención a sus enseñanzas: la filosofía de la alimentación comenzó a ganar fuerza y ha sido reconocida desde entonces.

De acuerdo con Rufus, la salud y la fuerza son mejores que el placer físico que nos hace esclavos del estómago y débiles. Uno de sus puntos fuertes era insistir en ayunar ocasionalmente. El ayuno ayuda a aumentar nuestro autocontrol, especialmente cuando se trata de asuntos del estómago. Rufus enseñó a sus alumnos que cuando tiene autocontrol al beber y comer, habrá sentado las bases de la templanza. También hizo hincapié en la necesidad de ser el maestro en lo que respecta a los alimentos y el apetito para superar la codicia y dominar el autocontrol.

Básicamente, según los estoicos, definitivamente no hay nada de malo en comer alimentos nutritivos. De hecho, la nutrición es crucial para un cuerpo sano y un funcionamiento normal del cuerpo. Los estoicos estaban muy por delante en lo que respecta a alimentación y nutrición.

Cualquiera que vea la comida como una fuente de placer y disfrute probablemente no sea consciente de los desafíos que esto les plantea. Sin autocontrol, recurrimos a alimentos adictivos, como dulces, alimentos grasos y todo tipo de alimentos poco saludables. Estos alimentos tienden a ser adictivos como el de las drogas ilícitas. Los alimentos dulces y azucarados a menudo afectan las secciones placenteras y adictivas del cerebro. Estas son las mismas secciones del cerebro afectadas por drogas adictivas como la cocaína y la marihuana.

Básicamente, cuando consumimos grandes cantidades de alimentos poco saludables, nos estamos preparando para la adicción y otros desafíos. Estos alimentos son peligrosos y, en el mejor de los casos, deben evitarse. Los estoicos eran muy conscientes de ello incluso hace dos mil años.

Comer alimentos nutritivos

Como seguidores estoicos, hay ciertas cosas que podemos aprender de esto. Solo necesitamos consumir alimentos saludables y nutritivos. También debemos evitar los alimentos poco saludables que se consumen solo por placer. Cuando ayunamos y evitamos los alimentos adictivos, básicamente comemos más para alimentarnos que para disfrutar. De esta manera, aprendemos a desarrollar el autocontrol y conquistar la codicia. Nos hacemos responsables de nuestros cuerpos y nos hacemos cargo de nuestra salud.

Es aconsejable seguir los patrones y hábitos alimenticios de los estoicos en lugar de los políticos y otros. Recuerde que los estoicos tenían que ver con el desapego del estatus y la riqueza. Aprecian los placeres simples de la vida y se resisten a cualquier cosa que sugiera comodidad mientras aceptan algunas circunstancias básicas. Para propósitos de paz mental y una buena vida, es aconsejable buscar la paz, la satisfacción genuina y la gratificación.

Enuncie el propósito de su vida y repítalo frecuentemente

Los estoicos creen en vivir una vida llena de propósito. Esta es una vida construida alrededor de servir a los demás, ser humilde, aceptar la vida y lo que tiene para ofrecer, hacer lo mejor donde tengamos control y vivir una vida simple.

Básicamente, donde invertimos la mayoría de nuestros momentos es donde invertimos nuestras vidas. Asegúrese de alinearse con su propósito en la vida cada día. No posponga eso con el pretexto de abordar otras necesidades apremiantes. Si no tiene cuidado, estas otras necesidades apremiantes se convertirán en su vida. Puede ser feliz y estar satisfecho con lo que tiene si sigue los principios estoicos. Algunas personas están contentas con lo que son y otras están contentas con lo que tienen.

Es crucial que nos centremos en la salud todos los días. Solo podemos vivir una vida útil si estamos sanos. También debemos ser personas virtuosas e íntegras. La integridad requiere que seamos reales en lo que hacemos y cuáles son nuestras elecciones. Nuestras elecciones deben alinearse con nuestros propósitos y la integridad debe estar en el centro. Necesitamos preguntarnos cada día qué tipo de personas aspiramos a ser.

Ser siempre agradecido

Es importante aprender a ser una persona de gratitud. Ser una persona agradecida en todos los sentidos es crucial y le convertirá en una mejor persona. Recuerde siempre que la vida es esencialmente un equilibrio cuidadoso de eventos negativos y situaciones positivas. De acuerdo con los estoicos, no debemos alinearnos con ninguno para tener serenidad o tranquilidad.

Algunas personas se quejan todos los días, argumentando que todo está mal y que nada está funcionando. Nunca ven el aspecto positivo de las cosas y también luchan con aspectos que están más allá de su control. Aprendemos que numerosas cosas en la vida están fuera de nuestro control. Aceptar estas cosas en lugar de enojarse y molestarse nos brinda tranquilidad. Enojarnos y quejarnos nos roba nuestra paz mental y tranquilidad.

Tal como son las cosas, todos tenemos algo por lo que estar agradecidos cada día. Esto se debe a que, si miramos de cerca, notamos que cada persona recibe algo todos los días. Recibimos cosas buenas de las que deberíamos estar felices. Tener un trabajo, un buen jefe, algo de comida para comer, una familia amorosa y un hogar cálido para vivir son cosas por las que debe estar agradecido.

Vivir dentro de los límites establecidos

Cuando hablamos de límites, no nos referimos a muros reales sino a establecer ciertas limitaciones. Operamos como seres humanos dentro de ciertas limitaciones y recursos limitados. Además, nuestro tiempo y energía son muy limitados. Si no reconocemos esto, entonces no tendremos éxito.

Piense en sus inversiones, amigos e incluso en sus relaciones. Piense en cuáles son importantes para usted y tienen un propósito útil: estas son aquellas en las que debe enfocar sus energías y recursos. No podemos permitirnos ser amigos de todos y fomentar numerosas relaciones, algunas de las cuales pueden no ser saludables para nosotros. En cambio, debemos centrarnos en las relaciones importantes que agregan valor a nuestras vidas. Entonces podemos dejar ir el resto. Establecer tales limitaciones lo llevará a tener una vida más significativa.

Aprender a desprenderse de ciertos asuntos y dejar ir

Hay momentos en que queremos algo, pero no lo conseguimos. Terminamos perdiendo. Hay muchas cosas que deseamos en la vida. Algunas veces adquirimos lo que queremos, y otras no. Si nos apegamos demasiado a estas cosas, perdemos porque nos molestamos, nos desanimamos, estresamos y nos sentimos tristes. Sin embargo, podemos aprender a separarnos de todas estas cosas, especialmente los placeres de la vida y las posesiones materiales.

Convertirse en una persona disciplinada

La mayoría de las personas en la actualidad son muy débiles. La vida nos brinda muchas comodidades, como aire acondicionado, agua del grifo, supermercados, dispositivos digitales y mucho más. Realmente no tenemos que preocuparnos mucho por cosas como caminar y transportar mercancías, ir a comprar comestibles, etc. Como tal, nuestros cuerpos se han vuelto "débiles" y no estamos en contacto con un cuerpo físico resistente.

Deberíamos aprender a salir de nuestras zonas de confort y participar en actividades que nos expongan a gran parte de lo que sucede en todo el mundo. Deberíamos aprender a interactuar con los demás, incluidos los miembros menos afortunados de la sociedad. Este tipo de exposición nos ayudará a apreciar lo que tenemos y nos ayudará a ponernos en contacto con la realidad.

Dominar lo que puede controlar

Los estoicos nos enseñaron cómo vivir una vida de aceptación. Deberíamos aceptar las cosas que nos pasan que están fuera de nuestro control. Existen muchas cosas sobre las que tenemos control, pero solo unas pocas que están más allá de nosotros. Como tal, debemos centrarnos en las cosas que podemos controlar y luego asegurarnos de que hacemos nuestro mejor esfuerzo en relación con ello.

La mayoría de las veces la gente se molesta y se enfurece por cosas que están fuera de su control. Se enojan cuando no obtienen algo que realmente quieren. Sin embargo, este no es el mejor enfoque. Practique aceptar cosas que están fuera de su control, sin importar cuánto las quiera. De esta manera, siempre tendrá tranquilidad.

Así mismo, aprenda a aceptar que su vida es como un préstamo. En la vida, no tenemos tiempo indefinido. No podemos permitirnos llevar nuestras vidas de la manera que queramos. Debemos entender que nuestras vidas tienen un límite de tiempo y debemos enfocarnos en vivir nuestras mejores vidas posibles. Evite la procrastinación, coma sano, lleve una vida virtuosa, haga lo mejor que pueda con las cosas sobre las que tiene control y acepte las cosas sobre las que no tiene control. Si puede lograrlo, vivirá una vida plena con alegría y tranquilidad.

Conclusión

Gracias por llegar hasta el final de este libro. Esperamos que haya sido informativo y haberle proporcionado todas las herramientas que necesita para alcanzar sus objetivos, cualesquiera que sean.

Este libro también debería abrir su visión al estoicismo y sus asombrosos principios. Muchas personas en Estados Unidos, Europa y en todo el mundo están adoptando la forma de vida de los estoicos y aplicando sus enseñanzas. Usted también puede aplicar la filosofía estoica a su vida si desea encontrar más felicidad, paz mental y tranquilidad.

El estoicismo ha existido durante años, y se ha confirmado que los principios expuestos son verdaderos, precisos y válidos hasta el día de hoy. Por ejemplo, podemos ser felices si aprendemos a separarnos de las posesiones y placeres terrenales. También podemos lograr tranquilidad al aceptar cosas que están fuera de nuestro control y hacer lo mejor que podamos con lo poco que tenemos control.

Muchas personas exitosas en todo el mundo han tenido éxito en sus carreras al seguir principios estoicos. Incluyendo escritores exitosos, autores, entrenadores de fútbol, científicos e incluso presidentes. Muchos de ellos han escrito sobre sus experiencias y cómo el estoicismo les ha ayudado a alcanzar el éxito que actualmente disfrutan.

Finalmente, si encuentra este libro útil de alguna manera, ¡siempre apreciamos una reseña en Amazon!

www.ingramcontent.com/pod-product-compliance
Lightning Source LLC
LaVergne TN
LVHW041648060526
838200LV00040B/1762